婴幼儿安全照护

主　编　黄丽娥

副主编　朱　颖　林　桦　陈　清　蒙　丽　冯小燕

参　编　刘　璐　祝美琴　黄银香　李端玉　刘明研

　　　　莫有东　莫境员　梁月兰　王炎红

电子工业出版社·

Publishing House of Electronics Industry

北京·BEIJING

内 容 简 介

本书共四个模块，包括"托幼政策与法规中的安全要求和职业道德""婴幼儿一日活动安全照护""婴幼儿环境安全照护""婴幼儿意外伤害的处理和常见疾病的防护"，并采用"模块—任务"式的创新体例设计，使内容系统、有序。本书结合幼儿保育专业人才培养目标的要求，以模块开展任务，以情景导入新的内容，在"学习任务"中设定"情景导入""学习目标""学习积累"等丰富多彩的小栏目，生动、新颖地展示教学内容，力求激发学生的学习兴趣，让学生通过自主思考完成实训任务，以此来检测和强化对本课程的学习效果，有效支持专业课程的教学活动。此外，本书还附有安全照护管理制度和安全照护所需的表格工具，充分体现了教材的职业性，助推"三教"改革有效落地和人才培养质量的提升。

本书既可以作为幼儿保育专业的教材，也可以作为婴幼儿保育工作者的指导用书和婴幼儿家长日常照护的参考用书。

图书在版编目（CIP）数据

婴幼儿安全照护 / 黄丽娥主编. -- 北京 ： 电子工业出版社，2024．9. -- ISBN 978-7-121-48925-9

Ⅰ．G617

中国国家版本馆 CIP 数据核字第 2024LH8812 号

责任编辑：胡乙凡

印　　刷：涿州市般润文化传播有限公司

装　　订：涿州市般润文化传播有限公司

出版发行：电子工业出版社

　　　　　北京市海淀区万寿路 173 信箱　　　　　邮编：100036

开　　本：880×1230　　1/16　　印张：13.25　　字数：232 千字

版　　次：2024 年 9 月第 1 版

印　　次：2025 年 7 月第 2 次印刷

定　　价：39.80 元

2019 年 5 月发布的《国务院办公厅关于促进 3 岁以下婴幼儿照护服务发展的指导意见》明确指出："3 岁以下婴幼儿照护服务是生命全周期服务管理的重要内容，事关婴幼儿健康成长，事关千家万户。"随着社会经济的快速发展，人们对托幼行业有了更加多样化的需求并赋予其更高的期望，中职学前教育专业毕业生已无法满足市场需求。为了提高托幼行业的人才质量，2021 年 3 月，广西壮族自治区教育厅发布《自治区教育厅关于做好 2021 年度中等职业学校新专业设置工作的通知》，明确要求："除独立设置的幼儿师范学校、中等师范学校外，我区不再单独在中等职业教育层次保留学前教育专业点，2021 年起相应专业点停止招生，具备条件的学校，按程序申请转设幼儿保育专业。"专业转型后，"婴幼儿安全照护"作为幼儿保育专业的核心课程，在课程设置中尤为重要；特别是"1＋X"幼儿照护职业技能等级证书的实施，对学前儿童特别是 0～3 岁婴幼儿的照顾与护理提出了更高的要求，促使教师不得不反思并优化该课程的教材，以适应教学、考证和学生实际工作的需要。为此，我们借鉴当前课程改革的新理念，将学材与教材科学结合，将理论学习与实际操作有机结合，编写了本书。

本书坚持立德树人、为人师表的根本要求，结合中职学生的学习特点，遵循职业教育的人才培养规律，落实教材总体目标，旨在提高学生对婴幼儿安全照护的服务意识，了解和掌握婴幼儿安全照护的核心素养，为高质量婴幼儿安全照护服务的健康发展提供重要保障，同时为学生的继续学习、提高打下基础。

本书分为四个模块，分别介绍了"托幼政策与法规中的安全要求和职业道德""婴幼儿一日活动安全照护""婴幼儿环境安全照护""婴幼儿意外伤害的处理和常见疾病的防护"，做到图、文、表并茂，在基础知识的引入、文字的表述上注重贴近学生及其学习环境，注重学生学习兴趣的培养和能力的提高，强调正确的情感、态度、价值观的培养。

本书由黄丽娥担任主编，朱颖、林桦、陈清、蒙丽、冯小燕担任副主编，参与编写的还有刘璐、祝美琴、黄银香、李端玉、刘明研、莫有东、莫境员、梁月兰、王炎红。本书在编写的过程中，参考了有关教材、著作、报刊、互联网资源等，在此向原作者表示衷心的感谢！

中职幼儿保育专业"婴幼儿安全照护"课程的教材编写是一项难度较大且富有挑战性的工作。由于编者水平有限，书中难免存在疏漏和不足之处，恳请广大师生提出宝贵意见。

编　者

目录

目录

模块一

托幼政策与法规中的安全要求和职业道德

➡️ **模块概述**

所谓安全照护，是为婴幼儿提供干净、安全，且对身心健康有益的照护环境，是保障婴幼儿最佳潜能发展的五个不可分割的要素之一。教育部在《幼儿园教育指导纲要（试行）》中明确提出："幼儿园必须把保护幼儿的生命和促进幼儿的健康放在工作的首位。"因此，托幼机构的各项活动应当以保障婴幼儿的安全为前提，做好婴幼儿的安全照护。托幼机构安全照护的标准、内容和要求是什么？制定的理论依据是什么？相应的托幼政策与法规中有关安全照护的要求有哪些？这些问题都需要我们深入了解。作为托幼机构保教人员，在进行科学安全照护的过程中，应该具备一定的职业道德，以便为成为高素质、技能型托幼机构保教人员奠定基础。本模块从托幼政策与法规的含义及关系入手，介绍了托幼政策与法规中有关安全照护的理论依据，同时提出了托幼机构保教人员的职业道德，为学生掌握和实际应用托幼政策与法规打好理论基础，使学生成为一名合格的托幼机构保教人员。

➡️ **学习目标**

知识目标 ▷

1. 理解托幼政策与法规的含义及关系。

2. 了解我国目前重要的托幼政策与法规，并知晓常见托幼政策与法规的具体内容。

3．学习和掌握托幼机构保教人员所需具备的职业道德。

能力目标

1．初步具有托幼机构保教人员的职业理想和政策、法规意识。

2．能运用本模块的知识对相关案例进行分析。

素养目标

1．树立正确的职业观、儿童观、教育观和个人发展观，立志成为一名合格的托幼机构保教人员。

2．具备婴幼儿安全照护的责任意识。

➡ 学习导图

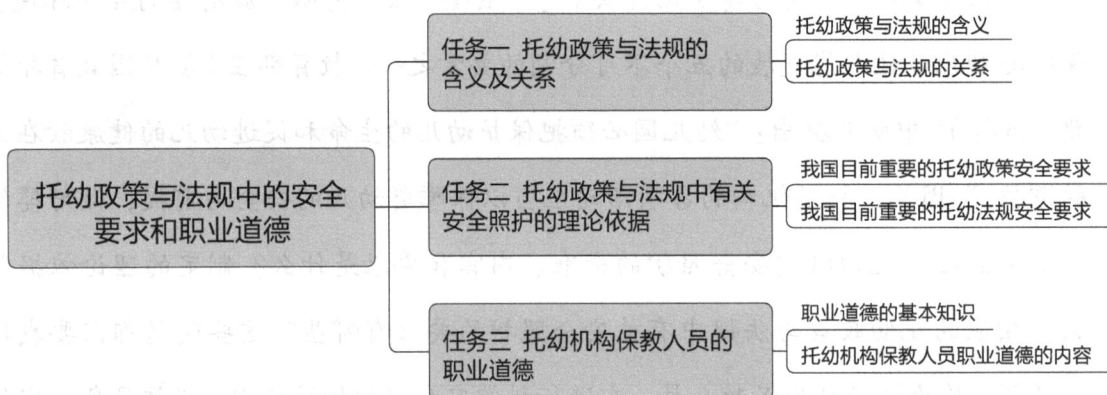

➡ 学习任务

任务一 托幼政策与法规的含义及关系

【情景导入】

某市政府出台了一项名为"幼有所育"的托幼政策，目标是在 5 年内新建 30 所公办托育机构，为 0～6 岁的婴幼儿提供优质托育服务。该政策阐明了建设目标、资金来源、人员配备等方面的原则性要求。与此同时，为落实这一政策，该市还制定了《托育机构设置标准（试行）》。该条例对托育机构的设立审批、环境卫生、教职工资格、安全管理等做出了详细的规定，是政策在实施过程中必须遵守的法律依据。

思考：托幼政策与法规有区别吗？彼此之间有什么关系？

【学习目标】

1. 掌握托幼政策与法规的含义。

2. 了解托幼政策与法规的关系。

【学习积累】

一、托幼政策与法规的含义

托幼政策是指党和政府为完成一定历史时期的托幼教育任务，实现托幼机构培养目标，而做出的兼具战略性、现实针对性和可操作性的规定，是党和政府为实施和发展托幼事业而制定的行动准则。例如，《国务院办公厅关于促进3岁以下婴幼儿照护服务发展的指导意见》就是一项托幼的国家政策。

托幼法规是指有关国家机关制定的，旨在调整国家行政部门在行使托幼行政权的行政活动中和公民在行使受教育权的教育活动中所发生的各种社会关系的法律规范。它包括宪法和法律中有关托幼的法律规范及一切有关托幼的行政法规、部门规章等。例如，《中华人民共和国母婴保健法实施办法》《中华人民共和国未成年人保护法》《幼儿园管理条例》《幼儿园工作规程》等都属于托幼法规。

二、托幼政策与法规的关系

托幼政策是制定托幼法规的依据，并指导着托幼法规的实施；托幼法规则能保障托幼政策的顺利实施和具体落实。

托幼政策通常由党的领导机关和政府以决议、决定、通知、意见等形式呈现；而托幼法规则采用法律、条例、规定、规范、办法等形式，明确规定必须做什么、不能做什么，违反者必须承担一定的后果。

简而言之，托幼政策的制定以法律为依据，托幼法规是托幼政策的具体化、条文化和定型化。

任务二 托幼政策与法规中有关安全照护的理论依据

【情景导入】

小明今年 3 岁，由于爸爸妈妈都在上班，于是把他送到了社区的一所民办幼儿园。人生地不熟的小明在幼儿园里总是哭个不停。幼儿园老师和园长发现，小明的身上好像还有一些不明伤痕，怀疑他可能遭受了不当对待。面对这种情况，幼儿园可以基于哪些法律法规和规范性文件帮助小明呢？

思考：我国目前重要的托幼政策与法规（涉及安全照护）有哪些？

【学习目标】

1. 了解和掌握我国目前重要的托幼政策有哪些，以及相应的安全要求是什么。
2. 了解和掌握我国目前重要的托幼法规有哪些，以及相应的安全要求是什么。

【学习积累】

一、我国目前重要的托幼政策安全要求

我国目前重要的托幼政策（有关安全要求）有《国务院办公厅关于促进 3 岁以下婴幼儿照护服务发展的指导意见》《托育机构设置标准（试行）》《托育机构管理规范（试行）》《托育机构保育指导大纲（试行）》《托育机构婴幼儿伤害预防指南（试行）》《托育机构负责人培训大纲（试行）》《托育机构保育人员培训大纲（试行）》《托育机构婴幼儿喂养与营养指南（试行）》，其中关于婴幼儿安全的具体阐述如下。需要注意的是，本任务中所涉及的所有有关政策、法规的图片内容，都是在原文的基础上进行的关键词提炼，并非原文内容，力求简洁、易懂。

（一）《国务院办公厅关于促进 3 岁以下婴幼儿照护服务发展的指导意见》（2019 年）

为了促进婴幼儿照护服务的发展，该文件从总体要求、主要任务、保障措施和组织实施四个板块进行阐述，每个板块中都涉及有关安全照护的具体要求，提炼如表 1-1 所示。

表1-1　《国务院办公厅关于促进3岁以下婴幼儿照护服务发展的指导意见》中有关安全照护的具体要求

板块	模块	有关安全照护的具体要求
总体要求	安全健康，科学规范	按照儿童优先的原则，最大限度地保护婴幼儿，确保婴幼儿的安全和健康
主要任务	规范发展多种形式的婴幼儿照护服务机构	落实各类婴幼儿照护服务机构的安全管理主体责任，建立健全各类婴幼儿照护服务机构安全管理制度，配备相应的安全设施、器材及安保人员。依法加强安全监管，督促各类婴幼儿照护服务机构落实安全责任，严防安全事故发生
保障措施	加强队伍建设	高等院校和职业院校（含技工院校）要根据需求开设婴幼儿照护相关专业，合理确定招生规模、课程设置和教学内容，将安全照护等知识和能力纳入教学内容，加快培养婴幼儿照护相关专业人才
组织实施	强化监督管理	加强对婴幼儿照护服务的监督管理，建立健全业务指导、督促检查、考核奖惩、安全保障和责任追究制度，确保各项政策措施、规章制度落实到位

（二）《托育机构设置标准（试行）》《托育机构管理规范（试行）》（2019年）

为了加强对托育机构的专业化、规范化建设，国家卫生健康委员会从安全照护的角度，对两项政策分别给予具体要求，如表1-2所示。

表1-2　《托育机构设置标准（试行）》《托育机构管理规范（试行）》中有关安全照护的具体要求

政策	板块	有关安全照护的具体要求
《托育机构设置标准（试行）》	场地设施	第十二条　托育机构的场地应当选择自然条件良好、交通便利、符合卫生和环保要求的建设用地，远离对婴幼儿成长有危害的建筑、设施及污染源，满足抗震、防火、疏散等要求。 第十四条　托育机构的房屋装修、设施设备、装饰材料等，应当符合国家相关安全质量标准和环保标准，并定期进行检查维护。 第十六条　托育机构应当设有室外活动场地，配备适宜的游戏设施，且有相应的安全防护设施。在保障安全的前提下，可利用附近的公共场地和设施。 第十七条　托育机构应当设置符合标准要求的安全防护设施设备
《托育机构管理规范（试行）》	总则	第二条　坚持儿童优先的原则，尊重婴幼儿成长特点和规律，最大限度地保护婴幼儿，确保婴幼儿的安全和健康
	保育管理	第十六条　托育机构应当科学合理安排婴幼儿的生活，做好饮食、饮水、喂奶、如厕、盥洗、清洁、睡眠、穿脱衣服、游戏活动等服务
	健康管理	第二十七条　托育机构应当建立卫生消毒和病儿隔离制度、传染病预防和管理制度，做好疾病预防控制和婴幼儿健康管理工作

政策	板块	有关安全照护的具体要求
《托育机构管理规范（试行）》	安全管理	第二十九条 托育机构应当落实安全管理主体责任，建立健全安全防护措施和检查制度，配备必要的安保人员和物防、技防设施。 第三十条 托育机构应当建立完善的婴幼儿接送制度，婴幼儿应当由婴幼儿监护人或其委托的成年人接送。 第三十一条 托育机构应当制订重大自然灾害、传染病、食物中毒、踩踏、火灾、暴力等突发事件的应急预案，定期对工作人员进行安全教育和突发事件应急处理能力培训。托育机构应当明确专兼职消防安全管理人员及管理职责，加强消防设施维护管理，确保用火用电用气安全。托育机构工作人员应当掌握急救的基本技能和防范、避险、逃生、自救的基本方法，在紧急情况下必须优先保障婴幼儿的安全。 第三十二条 托育机构应当建立照护服务、安全保卫等监控体系。监控报警系统确保 24 小时设防，婴幼儿生活和活动区域应当全覆盖。监控录像资料保存期不少于 90 日

（三）《托育机构保育指导大纲（试行）》（2021 年）

为了指导托育机构为 3 岁以下婴幼儿提供科学、规范的照护服务，促进婴幼儿健康成长，国家卫生健康委员会特制定此大纲。托育机构的保育重点包括营养与喂养、睡眠、生活与卫生习惯、动作、语言、认知、情感与社会性等，《托育机构保育指导大纲（试行）》分别从安全照护的角度提出具体要求，如表 1-3 所示。

表 1-3 《托育机构保育指导大纲（试行）》中有关安全照护的具体要求

板块	模块	有关安全照护的具体要求
总则	安全健康	最大限度地保护婴幼儿的安全和健康，切实做好托育机构的安全防护、营养膳食、疾病防控等工作
目标与要求	营养与喂养	指导建议： 1. 制定膳食计划和科学食谱，为婴幼儿提供与年龄发育特点相适应的食物，规律进餐，为有特殊饮食需求的婴幼儿提供喂养建议。 2. 为婴幼儿创造安静、轻松、愉快的进餐环境，协助婴幼儿进食，并鼓励婴幼儿表达需求、及时回应，顺应喂养，不强迫进食。 3. 有效控制进餐时间，加强进餐看护，避免发生伤害
	睡眠	指导建议： 1. 为婴幼儿提供良好的睡眠环境和设施，温湿度适宜，白天睡眠不过度遮蔽光线，设立独立床位，保障安全、卫生。 2. 加强睡眠过程巡视与照护，注意观察婴幼儿睡眠时的面色、呼吸、睡姿，避免发生伤害。 3. 关注个体差异及睡眠问题，采取适宜的照护方式

板块	模块	有关安全照护的具体要求
目标与要求	生活与卫生习惯	指导建议： 　1．保持生活场所的安全卫生，预防异物吸入、烧烫伤、跌落伤、溺水、中毒等伤害发生。 　2．在生活中逐渐养成婴幼儿良好习惯，做好回应性照护，引导其逐步形成规则和安全意识。 　3．注意培养婴幼儿良好的用眼习惯，限制屏幕时间。 　4．注意培养婴幼儿良好的口腔卫生习惯，预防龋齿。 　5．在各生活环节中，做好观察，发现有精神状态不良、烦躁、咳嗽、打喷嚏、呕吐等表现的婴幼儿，要加强看护，必要时及时隔离，并联系家长
	动作	指导建议： 　1．在各个生活环节中，创造丰富的身体活动环境，确保活动环境和材料安全、卫生。 　2．充分利用日光、空气和水等自然条件，进行身体锻炼，保证充足的户外活动时间。 　3．安排类型丰富的活动和游戏，并保证每日有适宜强度、频次的大运动活动。做好运动中的观察及照护，避免发生伤害。 　4．关注患病婴幼儿。处于急慢性疾病恢复期的婴幼儿，及时调整活动强度和时间；发现运动发育迟缓婴幼儿，给予针对性指导，及时转介
	语言	指导建议： 　1．创设丰富和应答的语言环境，提供正确的语言示范，保持与婴幼儿的交流与沟通，引导其倾听、理解和模仿语言。 　2．为不同月龄婴幼儿提供和阅读适合的儿歌、故事和图画书，培养早期阅读兴趣和习惯。 　3．关注语言发展迟缓的婴幼儿，并给予个别指导
	认知	指导建议： 　1．创设环境，促进婴幼儿通过视、听、触摸等多种感觉活动与环境充分互动，丰富认识和记忆经验。 　2．保护婴幼儿对周围事物的好奇心和求知欲，耐心回应婴幼儿的问题，鼓励自己寻找答案。 　3．在确保安全健康的前提下，支持和鼓励婴幼儿的主动探索
	情感与社会性	指导建议： 　1．观察了解每个婴幼儿独特的沟通方式和情绪表达特点，正确判断其需求，并给予及时、恰当的回应。 　2．与婴幼儿建立信任和稳定的情感联结，使其有安全感。 　3．建立一日生活和活动常规，开展规则游戏，帮助婴幼儿理解和遵守规则，逐步发展规则意识，适应集体生活。 　4．创造机会，支持婴幼儿与同伴和成人的交流互动，体验交往的乐趣

（四）《托育机构婴幼儿伤害预防指南（试行）》（2021年）

为了最大限度地保护婴幼儿的安全健康，并切实做好伤害预防工作，国家卫生健康委员会要求重点开展五个方面的工作，如图1-1所示。

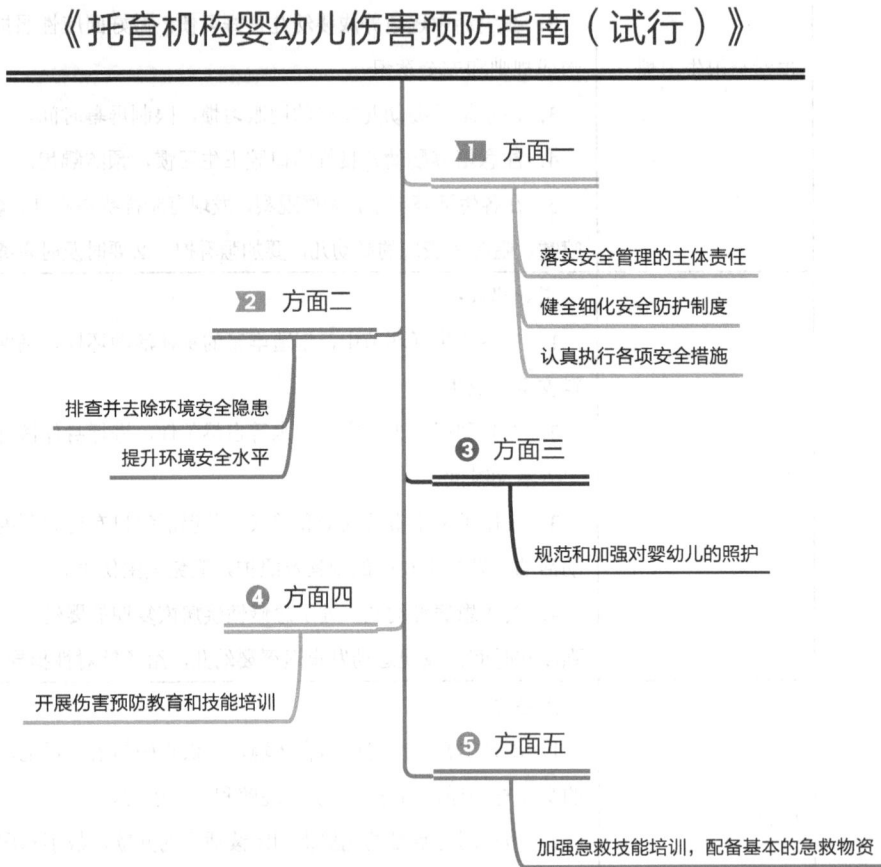

《托育机构婴幼儿伤害预防指南（试行）》

1 方面一
- 落实安全管理的主体责任
- 健全细化安全防护制度
- 认真执行各项安全措施

2 方面二
- 排查并去除环境安全隐患
- 提升环境安全水平

3 方面三
- 规范和加强对婴幼儿的照护

4 方面四
- 开展伤害预防教育和技能培训

5 方面五
- 加强急救技能培训，配备基本的急救物资

图 1-1　《托育机构婴幼儿伤害预防指南（试行）》中要求重点开展的五个方面工作

本指南主要针对窒息、跌倒伤、烧烫伤、溺水、中毒、异物伤害、道路交通伤害等3岁以下婴幼儿常见的伤害类型，为托育机构管理者和工作人员在安全管理、改善环境、加强照护等方面开展伤害预防提供技术指导和参考。

（五）《托育机构负责人培训大纲（试行）》《托育机构保育人员培训大纲（试行）》（2021年）

"人"是托育机构高质量发展的核心要素。要想科学、适宜地开展安全照护，托育机构负责人和保育人员需要具备安全照护的理念及实践教育教学能力。国家卫生健康委员会办公厅重点从理论和实践两个方面进行了有关安全照护具体要求的阐述，如图1-2和图1-3所示。

《托育机构负责人培训大纲（试行）》

理论培训内容
　　卫生保健知识 —— 室内外环境卫生，婴幼儿常见疾病、传染病、伤害的预防与控制
　　安全防护 —— 食品安全知识、场地设施、安全防护措施和检查、突发事件应急预案与处理
　　保育管理 —— 一日生活和活动安排与组织、生活与卫生习惯培养
　　人员队伍管理 —— 人员安全与法治教育

实践培训内容
　　保育活动组织 —— 一日生活安排与指导、照护服务日常记录和反馈
　　应急管理训练 —— 婴幼儿常见伤害急救基本技能、安全突发事件应急处理程序

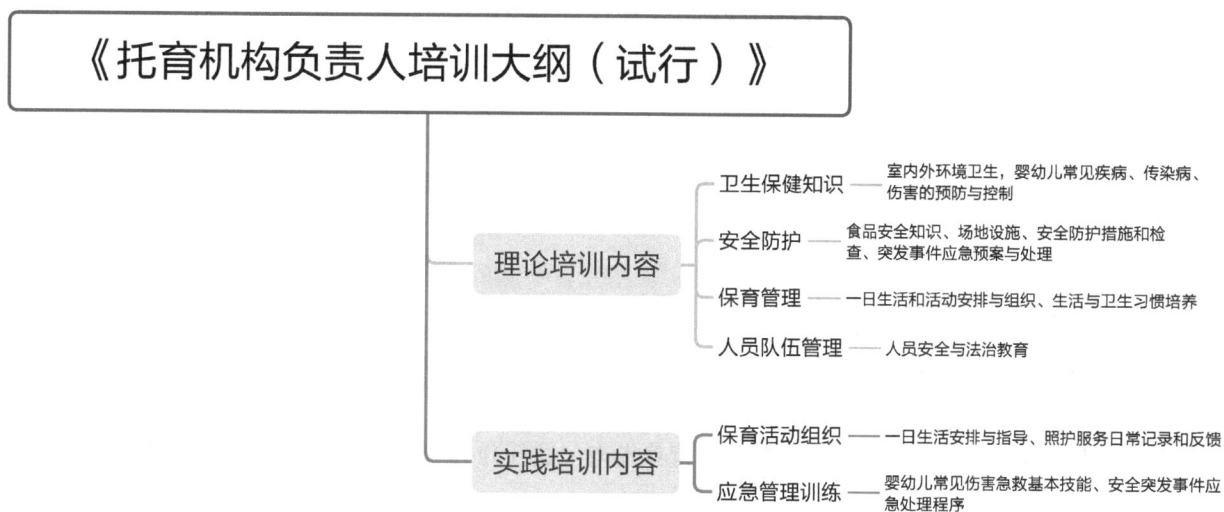

图 1-2　《托育机构负责人培训大纲（试行）》中有关安全照护的具体要求

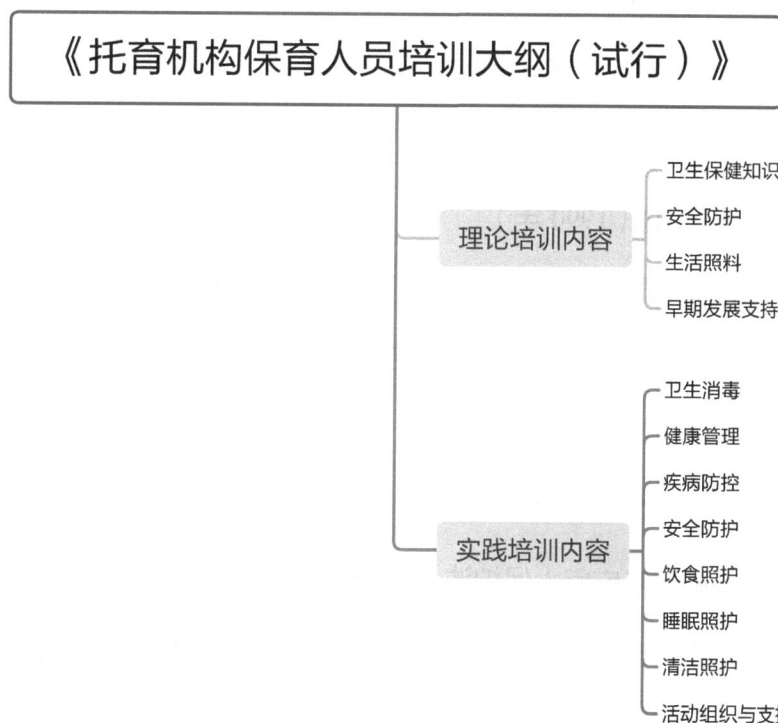

《托育机构保育人员培训大纲（试行）》

理论培训内容
　　卫生保健知识
　　安全防护
　　生活照料
　　早期发展支持

实践培训内容
　　卫生消毒
　　健康管理
　　疾病防控
　　安全防护
　　饮食照护
　　睡眠照护
　　清洁照护
　　活动组织与支持

图 1-3　《托育机构保育人员培训大纲（试行）》中有关安全照护的具体要求

（六）《托育机构婴幼儿喂养与营养指南（试行）》（2021 年）

本指南针对 6～36 月龄婴幼儿的喂养与营养要点，从安全照护方面提出具体要求，如图 1-4 所示。

《托育机构婴幼儿喂养与营养指南（试行）》

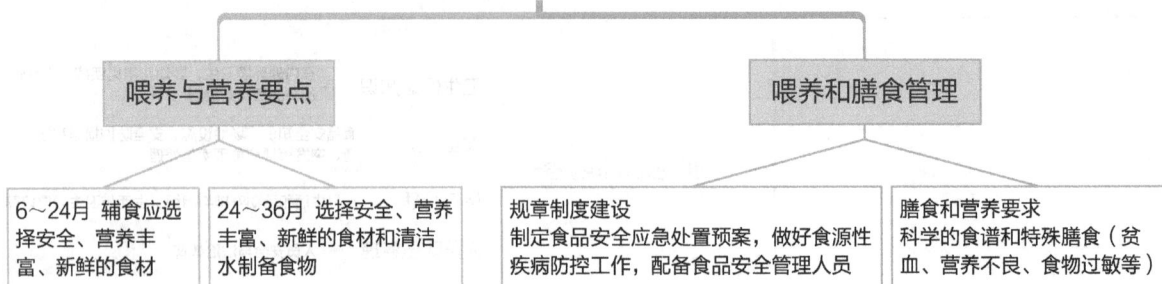

图 1-4 《托育机构婴幼儿喂养与营养指南（试行）》中有关安全照护的具体要求

二、我国目前重要的托幼法规安全要求

我国目前重要的托幼法规（有关安全要求）有《幼儿园管理条例》《中华人民共和国未成年人保护法》《幼儿园工作规程》《幼儿园教育指导纲要（试行）》《中华人民共和国食品安全法》，其中关于婴幼儿安全的具体阐述如下。

（一）《幼儿园管理条例》（1990 年）

《幼儿园管理条例》是国务院于 1989 年 8 月批准，1990 年 2 月起施行，为了加强对幼儿园的管理，促进幼儿教育事业的发展而制定的法规。这是中华人民共和国成立后的第一部学前教育行政法规，也是效力层级最高的一部专门的法规。该条例共 32 条，其中有 6 条涉及幼儿园安全，具体如图 1-5 所示。

（二）《中华人民共和国未成年人保护法》（2024 年）

《中华人民共和国未成年人保护法》于 1991 年 9 月颁布，2024 年 4 月第二次修正，2024 年 4 月起施行，是为了保护未成年人身心健康，保障未成年人合法权益，促进未成年人德智体美劳全面发展，培养有理想、有道德、有文化、有纪律的社会主义建设者和接班人，培养担当民族复兴大任的时代新人而制定的法律。它规定了未成年人的家庭保护、学校保护、社会保护、网络保护、政府保护、司法保护及法律责任。

第十七条	严禁体罚和变相体罚幼儿
第十八条	建立卫生保健制度，防止发生食物中毒和传染病的流行
第十九条	建立安全防护制度 严禁在幼儿园内设置威胁幼儿安全的危险建筑物和设施 严禁使用有毒、有害物质制作教具、玩具
第二十条	发生食物中毒、传染病流行时，立即救治和上报
第二十一条	园舍和设施有可能发生危险时，采取措施，排除险情，防止事故发生
第二十八条	违反本条例，给予警告、罚款的行政处罚，情节严重，构成犯罪的，由司法机关依法追究刑事责任

《幼儿园管理条例》

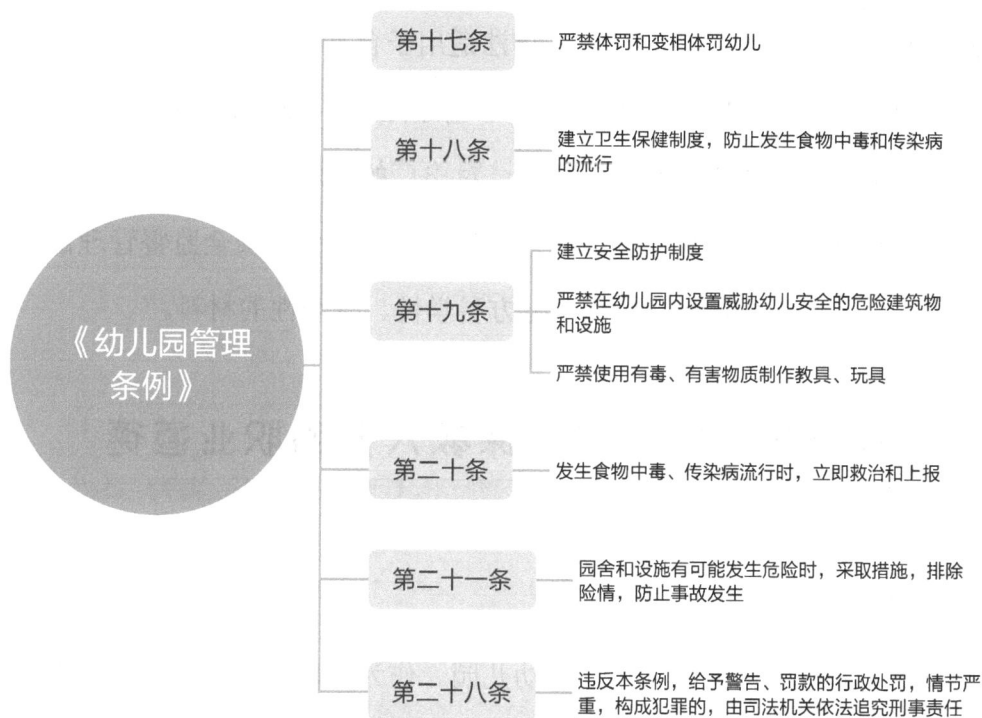

图 1-5　《幼儿园管理条例》中涉及幼儿园安全的具体内容

（三）《幼儿园工作规程》（2016 年）

《幼儿园工作规程》于 2015 年 12 月通过，2016 年 3 月起施行。其中，第三章"幼儿园的安全"中明确要求幼儿园要建立健全设备设施、食品药品及与幼儿活动相关的各项安全防护和检查制度，建立安全责任制和应急预案。

（四）《幼儿园教育指导纲要（试行）》（2001 年）

《幼儿园教育指导纲要（试行）》依据党的教育方针，落实《幼儿园管理条例》《幼儿园工作规程》制度，对全国幼儿园进行宏观和普适性指导，规定了幼儿园教育总目标、教育内容和实施原则，是指导幼儿园深入实施素质教育的科学纲要。《幼儿园教育指导纲要（试行）》指出："幼儿园必须把保护幼儿的生命和促进幼儿的健康放在工作的首位。树立正确的健康观念，在重视幼儿身体健康的同时，要高度重视幼儿的心理健康。""教师的态度和管理方式应有助于形成安全、温馨的心理环境；言行举止应成为幼儿学习的良好榜样。"

（五）《中华人民共和国食品安全法》（2021 年）

《中华人民共和国食品安全法》是为了保证食品安全，保障公众身体健康和生命安全而制定的法律，于 2021 年 4 月第二次修正。该法适用于食品生产和加工、食品销售和餐饮服务、食品添加剂的生产经营等。其中，第八十一条指出："婴幼儿配方食品生产企业应当实施从原料进厂到成品出厂的全过程质量控制，对出厂的婴幼儿配方食品实施逐批检验，保证食品安全。""婴幼儿配方乳粉的产品配方应当经国务院食品安全监督管理部门注册。注册时，应当提交配方研发报告和其他表明配方科学性、安全性的材料。"

任务三　托幼机构保教人员的职业道德

【情景导入】

今天是周一，李老师一大早就来到了幼儿园。作为一名资深的幼教工作者，她对自己的职业怀着无比的热爱。

李老师深知，自己从事的是非常神圣和崇高的职业。幼儿园不仅是孩子们的第二个家园，更是他们人生大道的启蒙场所。幼教工作者的言行举止，直接影响着孩子们品格操守的养成。

因此，李老师时刻遵守教书育人的职业道德，做到为人师表、言传身教。她的职业道德不仅体现在对孩子们无私的爱护中，更彰显在教学相长、严谨治学的专业精神上。

很快，孩子们就陆续进园了。看着他们天真烂漫的笑脸，李老师在内心暗暗下定决心，立志用职业道德的力量，将这些孩子培养成祖国的栋梁之才。

思考：什么是职业？什么是职业道德？托幼机构保教人员的职业道德具有哪些功能？

【学习目标】

1. 了解职业和职业道德的含义。

2. 掌握托幼机构保教人员职业道德的含义及功能。

3. 了解托幼机构保教人员职业道德的内容。

【学习积累】

百年大计，教育为本；教育大计，教师为本；教师大计，师德为本。托幼作为国民教育的重要组成部分，是终身教育的开端。托幼教育担负着幼儿教师职前培养和职后培训、促进幼儿教师专业成长的双重任务，在教育体系中具有基础性、专业性、职业性和全民性的战略地位。幼儿教师作为儿童启蒙教育的首任教师，其所具备的职业道德将直接影响下一代人的成长和发展。当前我国的托幼教育进入新的历史发展阶段，幼儿教师准入制度的规范化和法制化对其职业素养提出了更高的要求。那么，什么是职业？什么是职业道德？托幼机构保教人员的职业道德有哪些呢？

一、职业道德的基本知识

（一）职业和职业道德的含义

1. 职业的含义

职业是指人们利用专门的知识和技能参与社会分工，创造社会价值，获得合理报酬作为物质生活来源，并满足精神需求的工作。

从人力资源的角度来说，职业是不同性质、内容、形式的劳动岗位；从社会的角度来说，职业是劳动者获得的不同社会角色，需要劳动者承担一定的责任和义务，并根据能力获得相应的报酬，是责任和权力的有机统一。

职业劳动者在履行自己的职业责任，行使职业权力，获得合法利益时，不但要依法、依规，还要具备良好的职业道德，只有这样才能行稳致远。

2. 职业道德的含义

职业道德是指从事相同职业的人们，通过特定的职业活动所凝结成的具有自身职业特征，比较稳定并影响和指导自身职业实践的价值观念、道德准则、行为规范的总和，是特定职业或行业所具有的软实力。

从事某种特定职业的人，有着共同的劳动方式，接受共同的职业训练，因而形成与职业活动和职业特征密切相关的观念、兴趣、爱好、传统心理和行为习惯，结成某种特殊的关系，形成独特的职业责任和职业纪律，从而产生特殊的行为规范和道德要求。各行各业都有自己的职业道德，如：教师要有"师德"——教书育人，传道授业；医生要有"医德"——医者仁心，救死扶伤；当官要有"官德"——为人民服务，心系民生。

（二）托幼机构保教人员职业道德的内涵

1. 托幼机构保教人员的含义

保教即保育和教育。托幼机构保教人员（以下简称"保教人员"）是指在托幼园所、社会福利机构和其他保育机构中，对 0～6 岁婴幼儿进行科学养育、保健和教育的人员，包括保育人员和教师。保育人员主要负责对婴幼儿进行生活照料、护理，教师主要负责对婴幼儿进行科学教育。

2. 托幼机构保教人员职业道德的含义

托幼机构保教人员职业道德是指保教人员在从事 0～6 岁婴幼儿保育和教育的过程中形成的比较稳定的道德观念和行为规范的总和。

职业道德不断调节着保教人员与他人、集体、社会、自我等的关系，促使保教人员不断提高自己的职业素质，完善自身的道德品行，形成良好的道德观念、情操和品质。

3. 托幼机构保教人员职业道德的功能

保教人员的职业道德对自身、婴幼儿、集体、社会等具有多方面的影响，体现为对自身专业发展、婴幼儿发育、托幼事业发展及整个社会进步有重要意义与价值。因此可以说，保教人员的职业道德有着不同的功能。

1）教育功能

保教人员良好的道德观念和行为规范，在婴幼儿保育和教育的过程中发挥着重要的教育功能，如图 1-6 所示。

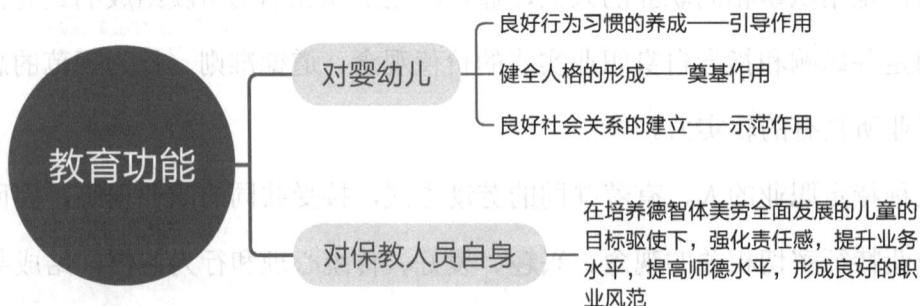

图 1-6　教育功能

2）调节功能

调节功能表现为通过教育、评价、沟通等方式，指导和纠正保教人员的职业行为，这是职业道德最基本、最重要的作用，如图 1-7 所示。

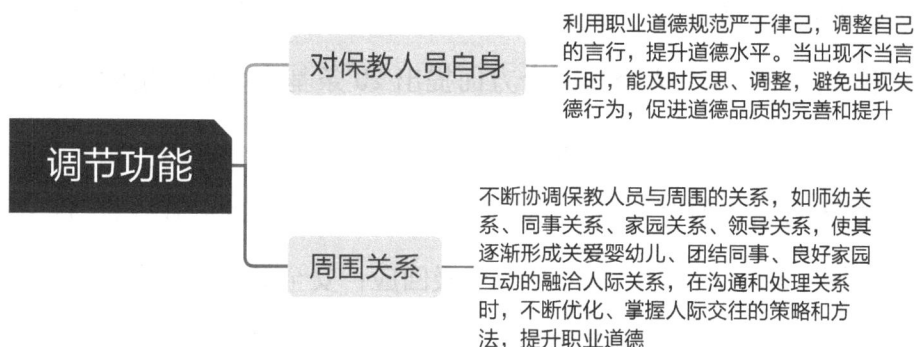

调节功能

对保教人员自身——利用职业道德规范严于律己，调整自己的言行，提升道德水平。当出现不当言行时，能及时反思、调整，避免出现失德行为，促进道德品质的完善和提升

周围关系——不断协调保教人员与周围的关系，如师幼关系、同事关系、家园关系、领导关系，使其逐渐形成关爱婴幼儿、团结同事、良好家园互动的融洽人际关系，在沟通和处理关系时，不断优化、掌握人际交往的策略和方法，提升职业道德

图 1-7　调节功能

3）引导功能

引导功能主要体现在职业道德的原则、规范和要求方面，职业道德为保教人员的职业行为养成和自身修养提高指明了方向，如图 1-8 所示。

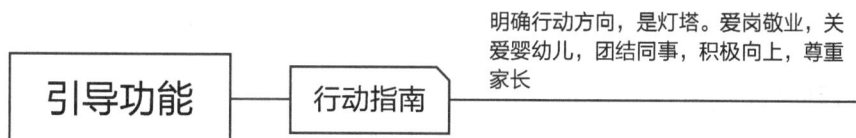

引导功能——行动指南——明确行动方向，是灯塔。爱岗敬业，关爱婴幼儿，团结同事，积极向上，尊重家长

图 1-8　引导功能

二、托幼机构保教人员职业道德的内容

保教人员的教育对象是 0～6 岁的婴幼儿，这正是其个性、品德、智力、社会性发展的关键时期。婴幼儿的身心发展具有特殊性，身心发育稚嫩，易受伤害；可塑性强，好模仿，总是把成人当作亲近和模仿的对象。保教人员的一言一行、一举一动，都会潜移默化地影响婴幼儿，所以保教人员必须爱护婴幼儿，尊重婴幼儿，以良好的职业道德引领婴幼儿健康成长。

《幼儿园教师专业标准（试行）》中明确规定了"师德为先"。师德与专业态度是教师职业的基准线，是教师最基本、最重要的职业准则和规范。教师要树立"师德为先"的理念，注重自身师德修养的提高。每位教师都应该热爱托幼事业，具有崇高的职业理想，积极践行社会主义核心价值观，认真履行职业道德规范，依法依规工作，关爱婴幼儿，尊重婴幼儿的人格，富有爱心、责任心、耐心和细心，做婴幼儿身心健康成长的引导者、支持者和教育者。

《幼儿园教师专业标准（试行）》把"专业理念与师德"划分成四个领域，分别从教师的职业观、儿童观、教育观和个人修养四个方面提出 20 条基本要求。也就是说，只有在这四个方面都达到基本要求，才有可能具备教师的职业道德。

《国家职业技能标准（保育师）》（2021 年版）提出保育师的职业守则有：品德高尚，富有爱心；敬业奉献，素质优良；尊重差异，积极回应；安全健康，科学规范。孙青在《保育员职业素养》一书中提出保育员的职业道德包括四个方面：正确的职业观、正确的儿童观、正确的保教观和正确的自我发展观。

综上，托幼机构保教人员职业道德的内容包括职业观、儿童观、教育观和个人发展观四个方面。

（一）加深对职业的理解与认识，树立成熟的职业观

职业观是保教人员对从事的职业的理解与认识，直接影响其对待工作的态度及对待婴幼儿的情感。特别是托幼机构的保育人员，不仅工作强度大，责任重，工资待遇低，还会遭到社会上某些人的误解（如保育人员就是打扫卫生的，就是保洁员等）。正是因为对本职工作的高度认同和热爱，才能克服困难，踏实认真地工作。

成熟的职业观包括以下五个方面的内容。

1. 贯彻党和国家的教育方针与政策，遵守教育法律法规

保教人员除重视与业务发展密切相关的《幼儿园工作规程》《幼儿园教育指导纲要（试行）》《3～6 岁儿童学习与发展指南》外，还要特别关注《中华人民共和国教师法》《中华人民共和国教育法》《中华人民共和国未成年人保护法》《中小学幼儿园安全管理办法》《托儿所幼儿园卫生保健管理办法》《中小学教师职业道德规范》等涉及儿童和教师基本权益的法律。

2. 理解托幼机构保教工作的意义，热爱托幼事业，具有职业理想和敬业精神

有了职业理想和敬业精神，保教人员就会洁身自爱，拒绝接受家长的礼物，拒绝根据家长的社会地位对婴幼儿亲疏有别，在日常工作中就不会患得患失。强烈的职业理想还会为保教人员提供专业发展的原动力，促进保教人员在业务上主动钻研、精益求精。

案例一：奇奇的变化

时光飞逝，转眼间从事幼儿教师这份工作已经有四年半的时间了，回忆过去宛如昨日，历历在目！

记得在实习期间，我遇到一个小朋友奇奇，她在集体中不说不笑，不与同伴交往，总是一个人待着，我开始思考应该怎样让孩子变得阳光开朗。我想此时孩子更需要教师的关心、同伴的关爱，需要建立自信心，因此我为奇奇定制了三种方法。

方法一：主动打招呼，拉近与奇奇的关系。在组织集体活动时，主动让奇奇发言。慢慢地我发现，早上奇奇愿意和我打招呼了。在集体游戏中，鼓励奇奇和小朋友一起做游戏，两周以后我发现，奇奇有了自己的小伙伴。

方法二：家园沟通，提供交往的机会。我与奇奇的爸爸妈妈做了沟通和交流，才知道原来爸爸意外发生了车祸，腿部受伤，需要至少休养三个月，妈妈需要照顾爸爸，无暇顾及奇奇，导致奇奇很少出门，也很少与小区的小朋友玩耍，妈妈对此也比较焦虑。我请妈妈放松心情，抽时间陪奇奇玩，邀请别的小朋友来家中做客，创造与同伴交往的机会。

方法三：给予支持和鼓励，增强自信。轮滑课使本身就有些胆小的奇奇更加害怕了，我在课前与奇奇沟通，了解到她是因为怕摔倒，滑得不好被班里的小朋友笑话才不敢上课的。于是我在上课时，会主动扶着奇奇，让奇奇大胆地往前滑，一直鼓励她。突然有一天，奇奇竟然开心地说："老师，我可以自己滑了！"

奇奇的整体状态和性格发生了很大的变化，自信心提升，好朋友也越来越多，渐渐变成一个"爱笑的奇奇"。

我曾经很多次迷茫过，也有过退缩的想法，每每想起"变化的奇奇"，就有了坚持下去的信念！在幼儿教育这条路上，任重而道远，每个孩子身上寄托的不仅是家庭的希望，更是祖国的未来！这也是我最初坚持的那份信念！

案例思考：

1. 以上案例中让教师具有职业理想的驱动力是什么？

2. 如果你是一名实习教师，遇到奇奇，你会怎么做？

3. 认同保教人员的专业性和独特性，注重自身专业发展

保教人员应该结合教育对象的特殊性，较好地完成保教任务，实现工作目标。保教人员需要深入学习婴幼儿教育学、心理学、教育方法、回应性照护的理念及方法，以及观察婴幼儿、解读婴幼儿、支持婴幼儿的策略和方法，提升自身专业能力，给予婴幼儿适宜的爱和教育。

4. 具备良好的职业道德修养，为人师表

著名学者丰子恺把人格比作一樽鼎，而支撑这只鼎的三只足是：思想——真、情感——善、品德——美。只有"三足鼎立"，真、善、美和谐统一，才能为人师表。保教人员的职业道德修养首先表现为完善、健全的人格。汉代哲学家扬雄说："师者，人之模范也。"教师不仅要以其人格魅力令学生敬佩，还要以最佳的思想境界、精神状态和行为表现，积极地影响和教育学生，使他们健康成长。教师应把言传和身教完美地结合起来，以身作则，行为示范；热爱学生，关心学生，建立平等的师幼关系；仪表端庄、举止文雅，以自己的言行和人格魅力来影响学生，使他们"亲其师，信其道"。

5. 具有团队合作精神，积极开展协作与交流

保教人员的职业特点之一是集体性，通常以班级为单位组织婴幼儿的一日活动。班级内的班长、助教及保育人员需要相互协调、相互宽容、相互关心，在婴幼儿一日活动的各个环节，各司其职，协同一致，按常规细则有效、有序地开展一日活动，为婴幼儿营造和谐融洽的活动氛围。

案例二：新学期环境创设大家一起做

新学期开始，为了给孩子们营造温馨、友爱、科学的活动室环境，教师们准备周六一起提前准备，保育人员作为集体中的一员，也积极申请加入。保育人员仔细分析了班内婴幼儿的兴趣点、发展目标和培养目标，初步预设了各个区域环境中所投放的材料。比如，娃娃家需要增加一些过生日的材料（因为近期孩子们总在玩为家人过生日的游戏，但可以支持他们玩游戏的材料比较少），如蛋糕、生日帽等；益智区需要增加一些便于婴幼儿进行5以内点数的材料和进行AB规律排序的材料……教师们列出工作清单，分工合作。当天，一个个有爱的班级环境在所有教师的通力合作下诞生了。

案例思考：

1．以上案例中体现了怎样的职业观？

2．假如你是保育人员，你会怎么做？为什么？

（二）规范对婴幼儿的态度和行为，树立正确的儿童观

保教人员应当树立正确的儿童观，读懂婴幼儿的需求与需要，做到尊重与关爱婴幼儿。正确的儿童观包括以下四个方面的内容。

1．关爱婴幼儿，重视婴幼儿的身心健康，将保护婴幼儿的生命安全放在首位

《幼儿园教育指导纲要（试行）》指出："幼儿园必须把保护幼儿的生命和促进幼儿的健康放在工作的首位。"健康教育的目的是保护婴幼儿的生命和促进婴幼儿的健康，提高婴幼儿期的生活质量。

近年来，幼儿园火灾、校车翻车、将婴幼儿遗忘在车内、给婴幼儿非法喂药等恶性事件频发，这提示保教人员要时刻谨记师德规范，将保护婴幼儿的生命安全放在首位。

案例三：校车安全事件

2017 年，某地接连发生 4 起将幼儿遗忘在接送车辆内致死的事故。6 月 28 日 8 时左右，当地一无证托幼机构将幼儿送至托儿所后，将一名 3 岁幼儿遗忘在接送车辆内，17 时发现时该幼儿已无生命体征；7 月 10 日 8 时 30 分左右，某民办幼儿园将幼儿送至该园后，

未清点人数，16时45分左右发现一名3岁幼儿被遗忘在接送车辆内，后经抢救无效死亡；7月12日，一非法幼儿园9时自邻村接幼儿上学，到达幼儿园后将一名两岁半女童遗忘在车内，直至16时打开车门时才发现该幼儿，后经抢救无效死亡；7月13日9时，某幼儿园派车接幼儿上学，到达幼儿园后，将一名3岁女童遗忘在车内，直至15时30分打开车门时才发现该幼儿，后经抢救无效死亡。

案例思考：

1. 以上案例中校车管理出现哪些纰漏？

2. 从儿童观的角度提出校车管理的要点及各岗位人员的职责和要求，避免悲剧发生。

2. 尊重婴幼儿的人格，维护婴幼儿的合法权益，平等对待每个婴幼儿。不讽刺、挖苦、歧视婴幼儿，不体罚或变相体罚婴幼儿

尊重婴幼儿的人格，维护婴幼儿的合法权益，平等对待每个婴幼儿，这体现了现代科学的儿童观，摒弃了将婴幼儿视为物品或私有财产的陈旧观念。保教人员应当树立正确的育儿理念，真正把婴幼儿的利益放在首位，不讽刺、挖苦、歧视婴幼儿，不体罚或变相体罚婴幼儿。这是维护保教人员职业操守和社会公德的应有之义，不仅影响师德师风的建设，也事关托幼机构育人环境的营造。婴幼儿虽小，但同样享有法律赋予的受教育权、健康权、成长权等基本权利。保教人员的一言一行都会潜移默化地影响婴幼儿品行、习惯和人格的养成。

案例四：虐童事件

2012年10月24日，网络上传出一张照片，在社会上引起轩然大波。照片里，女教师的两只手分别揪着一名男童的左右耳朵，将男童的双耳向上提起，使其双脚提离地面约10厘米。男童的耳朵被扯得变形，表情痛苦，因剧痛张着嘴巴哇哇大哭，女教师却一脸微笑。这便是发生在某地一幼儿园的一起虐童事件。警方随后调查核实，该教师姓颜，自2010年工作以来，多次对幼儿以胶带封嘴、倒插垃圾桶等方式进行虐待，并拍照取乐。颜某在幼儿园接受记者采访，当被问及"为何要揪孩子耳朵，并让别人拍照"时，颜某称"为了好玩"。

记者追问："你难道没发现孩子在大哭吗？"颜某沉默了。

同班教师"事不关己，高高挂起"的冷漠态度放纵了这种恶性行为，使之多次发生，给幼儿带来严重伤害。对不尊重幼儿人格、侵害幼儿权益的行为和现象及时进行制止，或者向有关部门反映，用自己的实际行动保护幼儿的人格与权益，是教师应有的师德规范行为。

案例思考：

1. 以上案例中，颜某存在怎样的职业道德缺失？

2. 教师虐童会触犯哪些法律？

3. 屡屡出现的虐童事件给你带来了怎样的警示和思考？

3. 信任婴幼儿，尊重个体差异，主动了解和满足有益于婴幼儿身心发展的不同需求

保教人员要热爱、尊重婴幼儿，善于观察婴幼儿，对本班婴幼儿的年龄特点、个体差异和家庭成长环境有充分的了解；尊重婴幼儿身心发展的规律和个体差异，根据不同婴幼儿的不同发育水平、已有经验和学习方式，选择有效的活动内容、形式和方法，使每个婴幼儿都有充分的活动和表现机会；关注有特殊需要的婴幼儿，并给予积极的支持和帮助，促使婴幼儿的发展富有个性。

不同的婴幼儿来自不同的家庭，家庭的教养方式、人员结构、亲子关系等都是影响婴幼儿个性特征和脾气秉性的决定性因素。教育要发挥"生命影响生命"的效应，需要走进婴幼儿的生活，了解其行为背后的真正原因，再给予个性化的引导。

4. 重视生活对婴幼儿健康成长的重要价值，积极创造条件，让婴幼儿拥有快乐的生活

托幼机构应坚持保教并重，寓教育于一日生活中，这是实现教育目标的重要途径。要科学、合理地安排和组织一日生活，使婴幼儿逐步养成良好的生活习惯，促使其健康成长。

托幼机构要制定一日生活作息制度，根据动静交替的原则，合理安排游戏、活动及各个生活环节的时间。两餐间隔时间不少于 3.5 小时，户外活动时间不少于 2 小时。从实际出发，建立必要、合理的生活常规，培养婴幼儿的生活自理能力，引导婴幼儿进行自我管理学习。

案例五：某幼儿园一日生活作息制度

大班幼儿夏秋季一日生活作息时间表（6—11月）

时间	内容
7:30—7:50	入园、晨检、晨间活动
7:50—8:00	如厕、盥洗、餐前准备
8:00—8:30	早餐
8:30—9:00	教育活动
9:00—9:10	如厕、盥洗
9:10—10:10	户外活动（间操、集体活动、分散活动）
10:10—11:10	区域活动
11:10—11:20	如厕、盥洗
11:20—11:50	午餐
11:50—12:00	散步
12:00—14:00	午睡
14:00—14:30	起床、午检、午点、喝水、如厕
14:30—15:00	教育活动
15:00—16:00	户外活动（集体活动）
16:00—16:10	如厕、盥洗、餐前准备
16:10—16:40	晚餐
16:40—17:00	离园

案例思考：

1．以上案例中，动静交替的原则体现在哪些方面？

2．以上案例中，两餐间隔时间是多久？符合幼儿的发展需求吗？为什么？

（三）掌握婴幼儿的保育和教育规律，树立科学的教育观

教育观是人们对教育所持有的看法，它既受社会政治、经济制度的制约，又受人们对教育要素不同观点的影响。具体地说，教育观就是人们对教育者、教育对象、教育内容、教育方法等教育要素及其属性和相互关系的认识，对教育与其他事物相互关系的看法，以及由此派生的对教育的作用、功能、目的等各方面的看法。保教人员的教育观直接影响其教育行为和教育效果。

科学的教育观包括以下六个方面的内容。

1．注重保教结合，培育婴幼儿良好的意志品质，帮助婴幼儿养成良好的行为习惯

托幼机构的各项活动都要注重婴幼儿的生理和心理健康，保护婴幼儿的生命安全，使

婴幼儿养成良好的生活习惯和生活自理能力。教师、保育人员及其他岗位要紧密配合，将保育和教育融为一体，为婴幼儿的健康成长服务。

婴幼儿从踏入托幼机构开始，就要在生活中学习很多本领，掌握生活自理能力，提升自我服务能力，如学会用七步洗手法洗手、擦嘴、脱叠衣服、如厕、漱口、系鞋带等。要想养成良好的行为习惯，非一日之功，需要保教人员采用不同的方式不断地引导和提醒。

2. 注重保护婴幼儿的好奇心，培养婴幼儿的想象力，发掘婴幼儿的兴趣爱好

好奇、好问是婴幼儿的典型心理特点。婴幼儿有强烈的求知欲和认知兴趣，喜欢探索，喜欢问问题，从"是什么"到"为什么"直至"打破砂锅问到底"。保教人员要保护婴幼儿的好奇心，创造条件让婴幼儿通过自己动手来寻找答案。

案例六：班级"恐龙乐园"开张了！

国庆节回来，孩子们三五成群地讨论去哪里玩了，结果发现多半都去国家自然博物馆一日游了。嘟嘟说："我看到马门溪龙，特别大！"琦琦说："还有天上飞的翼龙。"孩子们开启了关于"恐龙"的话题探讨，没想到这个话题一谈就是一星期，从恐龙的种类、生活习性、生活年代到喜好，范围越来越广。基于此，教师组织了一场主题活动"恐龙"，孩子们开始了对恐龙的研究，从恐龙的产生历史、种类、名称和生活习性，到恐龙制作、恐龙知识分享，再到恐龙扮演，最后孩子们想一起打造一个"恐龙乐园"。在孩子们提出这个想法后，教师给予全力支持，从乐园布局（孩子们画的草图有恐龙展览区、恐龙化石区、观影区、恐龙阅读区、作品欣赏、恐龙乐园礼品区）、物料准备、参观流程、人员分配到乐园运营，教师积极协助孩子们完成，最后迎来了全园 10 个班近 200 名孩子的参观，活动非常成功！

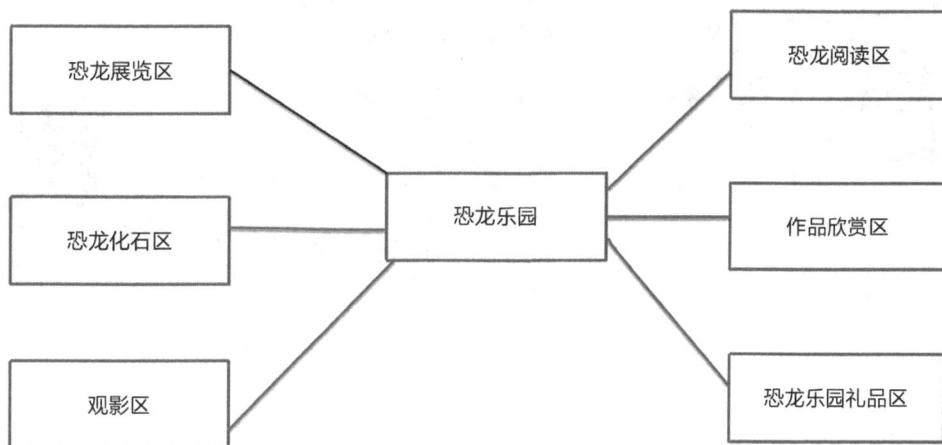

案例思考：

1. 以上案例中，孩子们的兴趣是什么？教师给予了怎样的支持？

2. 假如你是教师，面对孩子们感兴趣的话题，你会怎么做？

3. 重视环境和游戏对婴幼儿发展的独特作用，创设富有教育意义的环境，将游戏作为婴幼儿的主要活动

保教人员要创设与教育相适应的良好环境，为婴幼儿提供活动和表现的机会与条件，既要为婴幼儿营造一个丰富、可感知的物质环境，又要为婴幼儿营造一个宽松、愉快的精神环境；要保障婴幼儿游戏的权利，为婴幼儿提供充足的游戏条件，使婴幼儿自主、自愿、自由地游戏，并在游戏中获得满足和发展。

4. 重视丰富婴幼儿多方面的直接经验，将探索、交往等实践活动作为婴幼儿最重要的学习方式

《3～6岁儿童学习与发展指南》指出："幼儿的学习是以直接经验为基础，在游戏和日常生活中进行的。要珍视游戏和生活的独特价值，创设丰富的教育环境，合理安排一日生活，最大限度地支持和满足幼儿通过直接感知、实际操作和亲身体验获取经验的需要，严禁'拔苗助长'式的超前教育和强化训练。"婴幼儿只有在亲身实践的基础上，发展分析和解决问题的能力，才能进行有意义的学习。

5. 重视自身日常态度和言行对婴幼儿发展的重要影响与作用

保教人员的人格特征、言行举止等对婴幼儿的影响很大，所以要以身作则，要求孩子们做到的，自己首先要做到，时刻保持庄重的举止、彬彬有礼的言行、表里如一的形象，以自己的品行、仪表为婴幼儿带来积极的影响。

6. 重视托幼机构、家庭和社区的合作，综合利用各种资源

家庭是托幼机构的重要合作伙伴，二者共同担负着促进婴幼儿身心健康发展的重任，双方要形成良性的关系，产生"1+1>2"的效果。社区是婴幼儿成长的重要环境，其中蕴含着丰富的教育资源。保教人员要充分挖掘社区的资源，扩展教育空间，丰富并深化教育内容。

（四）加强个人修养，树立正确的个人发展观

保教人员要根据自身的实际情况，明确职业发展规划，树立正确的发展目标，在实践过程中，不断总结经验，加强学习，纠正自身不良言行，提升自身的专业素养和道德品质。

正确的个人发展观包括以下五个方面的内容。

1. 富有爱心、责任心、耐心和细心

要想成为一名合格的保教人员，首先要有"四心"。爱是一切教育的基础，责任是对婴幼儿发展的敬畏，耐心和细心是工作态度。只有具备这"四心"，师幼才是"双向奔赴的幸福关系"，教师才能迈好职业生涯的第一步，扣好职业生涯的第一颗纽扣。

案例七：遇到一位好老师，一周内孩子们发生了哪些变化？

5月20日，我接到园里通知，去一所幼儿园支援一周。我去的是黄（一）班，共19名小朋友，两位实习老师，主班老师在一个月前离职。这个班级换过好几个主班老师，因此整个班级缺乏较好的常规，更严重的是班里有几名小朋友的情绪处于非常激动的状态。进到班里，我做的第一件事就是熟悉孩子们，我蹲在孩子们面前，跟他们聊天，问他们的名字。当我来到灿灿面前时，却被他捉弄了。我问："小朋友，你叫什么名字？可以告诉我吗？"灿灿用手搂住我的脖子，把嘴凑到我的耳边，我以为他要跟我说悄悄话，没想到他竟然对着我的耳朵大喊大叫，叫完之后还坐到小椅子上得意地笑了起来。别的小朋友见我被捉弄之后，也跟着笑了起来！我并没有生气，而是起身揉了揉耳朵，故作神秘地说："告诉你们一个秘密，其实每个人的耳朵里都住了一只小精灵。当你大声说话时，就会把这只小精灵吓到。如果你一直大声说话，你耳朵里的小精灵就会离家出走，再也不回来了！"孩子们听完之后都安静了，灿灿也一句话不说，只是看着我笑。第二天来到班里，灿灿把我拉到更衣室，从书包里掏出一根棒棒糖放到我手里，并且小声地告诉我："欢欢老师，这根棒棒糖是送给你的。"我很欣喜，也很幸福。我欣喜灿灿的改变，他不仅不再大声说话了，还把他认为最好的礼物送给了我。

5月22日上午集体活动时，帅帅小朋友拿着一架纸飞机在教室跑着玩，不仅不愿意参加集体活动，还影响其他小朋友参加集体活动。这时，"小警察"昊天过去了，昊天总爱管帅帅，而他管人的方式就是打。昊天一边追着帅帅一边说："我要打你这个不听话的小朋友。"这样的场景一天要上演十几次。我赶紧制止了昊天，并且告诉他打人是不对的。同时，我也了解到帅帅是生活在单亲家庭中的孩子，帅帅妈妈因为工作忙，平时没怎么管过孩子，帅帅一直和姥姥住在一起。帅帅比较淘气，而姥姥比较严厉，所以帅帅所处的家庭环境很压抑。由于孩子长期处于这种低压状态，情绪得不到释放，所以幼儿园就成了他发泄的地方。帅帅太缺少父母的爱了，他很想引起别人的关注。之后，我跟帅帅妈妈聊了聊帅帅的情况。我深知，一个孩子成为什么样的人，在很大程度上取决于他的家庭环境及教育环境。我能给帅帅的只有更多的关注，让他感受到老师对他的爱。

5月23日，帅帅不再在班级里乱跑了，而是能够适当地控制自己的情绪，坐下来和小朋友一起看书。帅帅在一点点进步。

5月24日，帅帅和灿灿正常参加集体活动，并且不会打扰别的小朋友活动。

5月25日上午，我带着孩子们在户外活动，孩子们开心极了，我想世界上最幸福的事就莫过于看到他们的笑脸！

案例思考：

1．以上案例中，一周内孩子们发生了哪些变化？

2．老师做了什么，让孩子们发生了变化？

3．假如你面对的是一名有特殊需要的儿童，你会怎么做？

2．乐观向上、热情开朗，有亲和力

托幼教育是朝阳行业，面对的是祖国的花朵和未来，所以保教人员要做好"微笑教育"，拉近与婴幼儿的关系，保持足够的工作热情，开发正向思维，充满活力，只有这样才能做有温度的教育。

3．善于自我调节情绪，保持平和心态

保教人员的工作平凡而琐碎，在日复一日、周而复始的工作中，很难做到时刻保持激情和热情。特别是家庭不和睦、同事关系不融洽、领导不理解或批评、家长投诉或无理取闹等，都有可能造成保教人员情绪沮丧、低落或生气。如果出现此类情绪，就要第一时间进行自我调节，用深呼吸法或正念法，调节自己的情绪，避免行为偏激，以至于做出"师德缺失或不当行为"。如果自我调节不了，则可以休息几天，给自己缓冲和思考的时间，做让自己开心的事情，丢掉负面情绪，与自己和解，不要带着情绪工作。

案例八：如何释放自己的内心情绪

（1）给自己制订一份计划。

制订一份计划，如今天要完成什么事情，或者这个星期要完成什么事情，完成以后会发现自己的内心无比轻松和畅快，收获满满的成就感。

（2）理顺房间内凌乱的物品。

有时候情绪是会随着周围环境的变化而变化的。如果你的房间里总是凌乱不堪，那么肯定会影响你的心情。因此，要时不时静下心来收拾它。看到整齐的房间，你的心情也会瞬间变好！

（3）开怀地笑一笑。

这是释放情绪最直接的方式，正所谓"笑一笑，十年少"。笑能舒缓和释放自己的情绪。

（4）不要给自己加压或追求太过完美。

情绪负面的时候一定不要给自己加压，活得简单一些，让自己脚踏实地一些更好。

（5）做一些户外运动。

不定期开展户外运动，尽情地释放情绪，做一些自己喜欢的、感兴趣的事情。

（6）听听音乐，看看书。

转移注意力会让自己的心态更好，如音乐可以让人放松心情，书可以让人感悟到人生的哲理。

案例思考：

1．以上释放情绪的方法哪些比较适合你？

2．遇到情绪低落或不佳时，你还有哪些有效的调节方法？

4．勤于学习，不断进取

《幼儿园教师专业标准（试行）》中提出"终身学习"的理念。从未来教师的职业发展规划角度来说，刚毕业的大学生，进入托幼机构，其职业发展规划是"实习生→助教→主班→班长→保教主任→教学园长→园所园长"。每一步的成长和发展，都需要不断学习，掌握先进的教育理念，提升业务能力，只有这样才能具备岗位所需的核心素养。托幼机构可通过园本教研、园本业务培训、专项培训等多种形式提升保教人员的岗位胜任能力。

5．衣着整洁得体，语言规范健康，举止文明礼貌

保教人员的着装要端庄、大方，统一着园服和运动鞋（不允许穿人字拖、高跟鞋）。女性保教人员可以化淡妆（不宜浓妆艳抹、留长指甲、涂指甲油、戴假睫毛），尽量不佩戴首饰（如项链、耳环和戒指等），头发要扎起来或盘起来，不允许披头散发；男性保教人员的着装要求以庄重、整洁、专业为主，能与工作环境相得益彰，树立良好的职业形象，注意个人形象不能给孩子们带来不当影响。

园内见到同事、小朋友和家长要点头微笑，主动打招呼；同事之间要文明沟通，切忌说粗话、脏话；要做到语言美、行为美，举手投足显示出保教人员的职业美：自信、阳光、文明，富有亲和力！

学习检测

【实训检测】

1. 分小组制作海报，展示并讲解。主题选择我国目前重要的托幼政策与法规的核心要点。

2. 教师选择以下问题情境，学生说出属于托幼机构保教人员职业道德的哪项内容，并给出解决方法。

（1）一到过节，家长争相送礼，如果不送就怕教师对自己的孩子不好。小到一支口红，大到购物卡或名牌包包和首饰，无论大小班级教师都照单全收。

（2）新学期开始了，为了给婴幼儿营造温馨友爱的环境，教师决定加班丰富和完善班级环境。王老师是保育人员，说这是教师的事，和她没关系，所以做完自己的保育工作就准点下班了。

（3）李老师是一名刚毕业的大学生，所在班级是中班。君君比较活泼，总爱往教室外跑，吃饭挑食，睡觉不配合，稍不留神就玩失踪，脾气有时比较急，爱打人。由于班级人数较多，班长主要负责其他孩子一日活动的顺利、安全开展，君君就由李老师一对一带领。李老师想了各种方法让君君听话，可都无效；因为是新老师，上课也没有班长那样得心应手，一堂活动课自己 5 分钟就上完了，与孩子们也互动不起来；家长向园长反馈班级新来的老师比较严肃，不爱笑，孩子们都有点怕……所有事情积压到一起，李老师很沮丧和挫败，怎么办？

【实训评价】

1. 能提炼出几个重要托幼政策与法规的核心要点，并能清晰讲述。

2. 能说出托幼机构保教人员职业道德的内容。

【知识检测】

1. 名词解释

（1）托幼政策

（2）托幼法规

（3）职业道德

2. 填空题

（1）我国目前重要的托幼政策有（　　　　）（　　　　）（　　　　）（　　　　）（　　　　）（　　　　）（　　　　）（　　　　）。

（2）我国目前重要的托幼法规有（　　　　）（　　　　）（　　　　）（　　　　）（　　　　）。

（3）托幼机构保教人员职业道德的内容有（　　　　）（　　　　）（　　　　）（　　　　）（　　　　）。

模块二

婴幼儿一日活动安全照护

模块概述

婴幼儿在托幼园所开展良好的一日活动，有利于促进婴幼儿个性、语言、认知、社交、运动等能力的发展。婴幼儿在托幼园所的一日活动包含生活活动、教育活动、户外活动、游戏活动等。0~6岁婴幼儿无论是身体发育还是心理发育都还不太成熟，在托幼园所的一日活动里，容易发生各种各样的意外。保障婴幼儿在园的一日安全，是托幼园所工作的重中之重！

本模块重点讲述0~6岁婴幼儿在托幼园所一日活动中的安全照护，分为0~3岁婴幼儿身体护理、生活照护、游戏照护，3~6岁幼儿入离园、生活常规、集体活动、区域活动、户外活动，分场景地介绍婴幼儿在托幼园所安全照护的内容及要求。

学习本模块的内容，有助于保教人员合理、安全地组织婴幼儿在托幼园所的一日活动。

学习目标

知识目标

1. 熟悉婴幼儿在托幼园所一日活动中的安全照护内容。

2．了解婴幼儿在托幼园所一日活动中存在的安全风险。

3．掌握 0～3 岁婴幼儿在身体护理、生活照护、游戏照护，以及 3～6 岁幼儿在入离园、生活常规、集体活动、区域活动、户外活动中的安全照护要求。

能力目标

1．能按照一日活动流程排除各项活动中的安全隐患。

2．能分析婴幼儿在托幼园所一日活动中存在安全隐患的原因。

3．能在一日活动保教工作中对婴幼儿进行安全照护。

素养目标

1．加强保教人员关爱婴幼儿生命、保护婴幼儿健康安全的责任感。

2．增强保教人员以婴幼儿为主体的安全照护意识。

➡ 学习导图

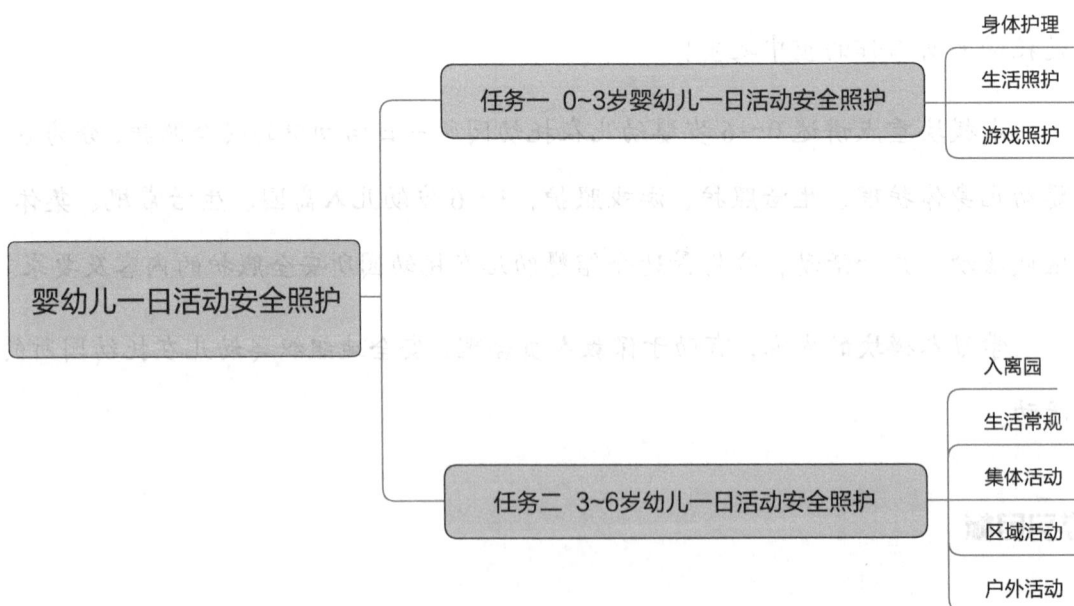

⇒ **学习任务**

任务一　0～3岁婴幼儿一日活动安全照护

场景一：身体护理

【情景导入】

情景：炎热的夏天，8个月大的天天在喝完奶之后突然吐奶，弄得脸上、身上黏糊糊的，保教人员随即帮天天洗澡。谁知在洗澡的过程中，天天又出现吐奶的情况。

思考：针对天天的情况，保教人员需要注意哪些事项？

【学习目标】

1. 掌握0～3岁婴幼儿沐浴、面部与手部护理、眼部护理的方法。

2. 了解0～3岁婴幼儿在身体护理中存在的安全隐患，熟悉身体护理的安全照护流程。

3. 能按照正确的流程解决身体护理中出现的安全问题，对婴幼儿进行安全照护。

【学习积累】

一、身体护理的基本概述

婴幼儿的身体护理是保障婴幼儿健康的一项重要措施，不仅能起到预防疾病、保障健康的作用，还能提高婴幼儿的舒适程度，有利于婴幼儿的身心发育。

二、身体护理的工作内容及操作要求

身体护理的工作内容及操作要求如表2-1所示。

表 2-1　身体护理的工作内容及操作要求

身体护理的内容	护理准备	护理流程及操作要求
沐浴（沐浴一般分为盆浴和淋浴。0～2 岁的婴幼儿适合盆浴，2 岁以上的幼儿可以选择淋浴） （图）	【环境准备】 　　要求：室内门窗关闭，环境安静、整洁，室温为 26～28℃，地面、浴盆防滑；水温冬季为 38～39℃，夏季略高于体温，备水时水温稍高 2～3℃。 【物品准备】 　　要求：准备操作台、专用浴盆或洗脸盆（内备温水约 2/3）、水温计、体重秤、细软棉质浴巾和毛巾、纸尿裤、清洁衣物、纸巾、无菌棉签、沐浴用品、护臀霜、弯盘、垃圾桶等。 【人员准备】 　　要求：保教人员须取下饰物，修剪指甲，洗净双手；被照护的婴幼儿生命体征正常，无皮肤外伤或发烧等。 　　注意：保教人员须具备帮助婴幼儿进行身体护理的专业知识及操作技能	【盆浴步骤】 　　1. 备水：浴盆内备好热水，内铺浴巾以防滑。可用水温计测试水温，或用前臂内侧皮肤测试水温，以不烫为宜。若用于降温，则水温应低于体温 1℃；若用于沐浴，则水温稍高 2～3℃。 　　2. 脱衣：将婴幼儿抱上操作台，给婴幼儿脱去衣服，保留纸尿裤，为其检查皮肤，裹上浴巾，再根据需要测体重、量身长。 　　3. 洗脸：将洗脸的毛巾放入温水中，拧至不滴水，对折两次，使其呈四角重叠的近似正方形。用毛巾的两角分别清洗婴幼儿的双眼，从眼角内侧向外侧轻轻擦拭；用毛巾的另外两角分别清洗婴幼儿的鼻孔下方、口周，有鼻涕时要先用纸巾擦去鼻涕；用毛巾的一面，由内向外清洗婴幼儿的前额、脸颊、下颚；换毛巾的另一面清洗婴幼儿的外耳道、耳郭及耳后。其间应清洗毛巾 1～2 次，以保证毛巾的清洁。 　　4. 洗头：要根据婴幼儿的月龄选取恰当的洗头姿势。对于较大的幼儿，可让其站立弯腰低头或将幼儿抱起仰面朝上；对于较小的婴儿，可采取抱姿。抱姿的操作方法：保教人员用左前臂托住婴儿的背部，左手掌托住婴儿的头颈部，使其仰面朝上，左手拇指与中指分别按住婴儿的双耳郭，防止水流入耳朵造成内耳感染，左臂及腋下夹住婴儿的臀部和下肢，将头移至盆边。准备完毕后，开始清洗头部。先用右手撩水将婴幼儿的头发打湿，再取适量洗发液于掌心并在水内过一下，接着用指腹轻轻揉洗婴幼儿的头皮，然后用清水洗净头发，最后用毛巾擦干头发。清洗完毕后，检查婴幼儿的外耳道，若其中有水或分泌物，则用棉签轻轻蘸干。

身体护理的内容	护理准备	护理流程及操作要求
沐浴（沐浴一般分为盆浴和淋浴。0～2岁的婴幼儿适合盆浴，2岁以上的幼儿可以选择淋浴） 	【环境准备】 要求：室内门窗关闭，环境安静、整洁，室温为26～28℃，地面、浴盆防滑；水温冬季为38～39℃，夏季略高于体温，备水时水温稍高2～3℃。 【物品准备】 要求：准备操作台、专用浴盆或洗脸盆（内备温水约2/3）、水温计、体重秤、细软棉质浴巾和毛巾、纸尿裤、清洁衣物、纸巾、无菌棉签、沐浴用品、护臀霜、弯盘、垃圾桶等。 【人员准备】 要求：保教人员须取下饰物，修剪指甲，洗净双手；被照护的婴幼儿生命体征正常，无皮肤外伤或发烧等。 注意：保教人员须具备帮助婴幼儿进行身体护理的专业知识及操作技能	5. 入盆：洗完头部后，为其脱去浴巾和纸尿裤，准备入盆。先用左手握住婴幼儿的右肩及腋窝处，使其头颈部枕在保教人员的左臂上，再用右手握住婴幼儿的左腿近腹股沟处，轻轻将婴幼儿（臀部先着盆）放入铺有浴巾的浴盆中，并在婴幼儿的胸腹部搭一块毛巾。 6. 洗前身：保持左手握持，松开右手，让婴幼儿的头微微后仰，用右手撩水打湿婴幼儿的前身，先清洗、再涂抹沐浴液。遵循由上到下，先前身再后背的原则，依次清洗颈下、胸部、腹部、上肢、腋下、下肢、腹股沟、会阴等处，边洗边冲净沐浴液。 7. 洗后背：先用右手从前方握住婴幼儿的左肩及腋窝处，使其头颈部俯在保教人员的右手臂上，再用左手依次清洗婴幼儿的后颈、背部、臀部、下肢等处，边洗边冲净沐浴液。 8. 出盆：先用左手握住婴幼儿的右肩及腋窝处，使其头颈部枕在保教人员的左臂上，再用右手握住婴幼儿的左腿近腹股沟处，将婴幼儿抱出浴盆，放在铺有干净浴巾的操作台上，最后用浴巾包裹婴幼儿的全身并将水擦干，尤其注意耳后及皮肤皱褶处。 9. 浴后护理：用棉签轻轻清除外耳道、眼部分泌物，若有鼻屎，则可用棉签蘸温水轻轻擦除；为婴幼儿抹上护臀霜。 10. 穿衣：包好纸尿裤，穿好衣服。 【淋浴步骤】 1. 浴前准备：保教人员指导和帮助幼儿脱去衣服，并将衣服放在固定位置，让幼儿穿拖鞋进入浴室。 2. 洗头：撩水将幼儿的头发打湿，取适量洗发液于掌心轻轻揉洗幼儿的头皮，之后用清水洗净头发并擦干。在给幼儿洗头时，应提醒幼儿闭眼、弯腰、低头，防止洗头水进入眼睛。

身体护理的内容	护理准备	护理流程及操作要求
沐浴（沐浴一般分为盆浴和淋浴。0～2岁的婴幼儿适合盆浴，2岁以上的幼儿可以选择淋浴）	【环境准备】 要求：室内门窗关闭，环境安静、整洁，室温为26～28℃，地面、浴盆防滑；水温冬季为38～39℃，夏季略高于体温，备水时水温稍高2～3℃。 【物品准备】 要求：准备操作台、专用浴盆或洗脸盆（内备温水约2/3）、水温计、体重秤、细软棉质浴巾和毛巾、纸尿裤、清洁衣物、纸巾、无菌棉签、沐浴用品、护臀霜、弯盘、垃圾桶等。 【人员准备】 要求：保教人员须取下饰物，修剪指甲，洗净双手；被照护的婴幼儿生命体征正常，无皮肤外伤或发烧等。 注意：保教人员须具备帮助婴幼儿进行身体护理的专业知识及操作技能	3．洗身体：在给幼儿洗身体时，应提醒幼儿抬头，将身体淋湿，依次清洗颈下、胸部、腹部、上肢、腋下、下肢、腹股沟、会阴等处，提醒幼儿转身，依次清洗后颈、背部、臀部、下肢等处，边洗边冲。接着让幼儿转身，给幼儿洗脚，并将沐浴液抹匀幼儿全身，最后将身体冲洗干净。 4．擦干身体，穿衣，必要时测体重、量身长（高），安置好幼儿。 【注意事项】 1．沐浴应在婴幼儿进食前后一小时进行。 2．沐浴时应注意观察婴幼儿的面色，如有异常，则立即停止沐浴。 3．在婴幼儿哭闹时需要暂停沐浴，婴幼儿患病或皮肤有感染时不宜沐浴。 4．沐浴前后要减少暴露，注意保暖，动作轻快。 5．沐浴时应保持水温恒定，防止婴幼儿被烫伤或受凉
面部与手部护理	【环境准备】 要求：室温为24～26℃，湿度为50%～60%，水温为37～38℃。 【物品准备】 要求：准备洗脸盆、细软棉质毛巾、纸巾、婴幼儿指甲刀、水温计、棉球、洗手液、保湿霜等。 【人员准备】 要求：保教人员脱去外衣，洗净双手，修剪指甲，摘掉手表、戒指等饰物。 注意：保教人员须具备帮助婴幼儿进行面部与手部护理的专业知识及操作技能	【面部护理】 操作要求： 将洗脸的毛巾放入温水中，拧至不滴水。一只手托起婴幼儿的头，使其仰面朝上，另一只手用毛巾的一角从眼角内侧向外侧轻轻擦拭，之后换毛巾的另一角用同样的方法擦拭另一侧眼部；擦拭鼻孔下方、口周，有鼻涕时要先用纸巾擦去鼻涕，然后用毛巾擦拭鼻孔边缘，再换毛巾的一角擦拭嘴角，最后用毛巾在口周擦拭一周；清洗一次毛巾擦拭面部，由内向外清洗前额、脸颊和下颚；清洗一次毛巾擦拭耳朵，先擦耳眼，再擦耳郭，最后擦耳郭的背侧；清洗一次毛巾擦拭脖子，先擦脖子的两侧和前面，再擦脖子的后面。用稍高于体温的温水即可，过热会造成婴幼儿面部的水分及油脂流失，导致皮肤干燥。

续表

身体护理的内容	护理准备	护理流程及操作要求
面部与手部护理	【环境准备】 要求：室温为24～26℃，湿度为50%～60%，水温为37～38℃。 【物品准备】 要求：准备洗脸盆、细软棉质毛巾、纸巾、婴幼儿指甲刀、水温计、棉球、洗手液、保湿霜等。 【人员准备】 要求：保教人员脱去外衣，洗净双手，修剪指甲，摘掉手表、戒指等饰物。 注意：保教人员须具备帮助婴幼儿进行面部与手部护理的专业知识及操作技能	温馨提示： 1.清洗面部时不宜使用沐浴露，且须避免用水直接冲洗，防止水流入婴幼儿的眼睛和耳朵，引起结膜炎和外耳道炎。 2.清洗完面部后需要进行护肤，将保湿霜轻柔地抹于婴幼儿的面部，轻缓涂抹使其吸收。 【手部护理】 操作要求： 先用清洁的毛巾轻轻擦拭婴幼儿的手心、手背、手腕，再把婴幼儿的手指头轻轻掰开，擦拭指缝里的污垢，最后用指甲刀剪去较长的指甲。 温馨提示： 0～3岁婴幼儿的皮肤娇嫩，皮下血管丰富，在给婴幼儿洗手时动作一定要轻柔，否则容易造成婴幼儿的皮肤受损甚至发炎
眼部护理	【环境准备】 要求：室温为24～26℃，湿度为50%～60%，水温为37～38℃。 【物品准备】 要求：准备洗脸盆、细软棉质毛巾等。 【人员准备】 要求：保教人员脱去外衣，洗净双手，修剪指甲，摘掉手表、戒指等饰物。 注意：保教人员须具备帮助婴幼儿进行眼部护理的专业知识及操作技能	【眼部护理】 操作要求： 将毛巾浸湿拧至不滴水，用毛巾的一角缠住食指。让婴幼儿闭上眼睛，由内向外轻轻擦拭其眼睛。在擦拭另一只眼睛之前可换毛巾的另一角。 温馨提示： 给婴幼儿清洗的工具，如毛巾、洗脸盆，必须经过高温消毒

三、身体护理中可能存在的安全隐患及防护措施

（一）可能出现吐奶，导致回流气管

婴幼儿出现吐奶的情况，一方面可能是由于婴幼儿本身身体不适而导致的，另一方面可能是因为保教人员不专业的护理方法，导致婴幼儿在沐浴的过程中出现吐奶。

预防吐奶的措施如下。

（1）在婴幼儿接种疫苗24小时内或婴幼儿本身身体不适的情况下，不宜进行沐浴。若出现发热，则应及时就医。

（2）在吃奶前或吃奶后一小时进行沐浴，这样可以防止婴幼儿吐奶。

（3）保教人员的动作一定要轻柔，严格按照沐浴步骤进行清洁。如果发生吐奶，则应立即让婴幼儿侧躺并及时清理其口鼻呕吐物，防止误吸。

（二）容易受凉

在沐浴的过程中，水温、室温不适或沐浴时间过长都会导致婴幼儿受凉。

预防受凉的措施如下。

（1）沐浴前调节合适的室温及水温。室温为26~28℃，水温冬季为38~39℃，夏季略高于体温。

（2）沐浴时间不可过长，10分钟左右为佳。保教人员应动作轻快，注意给婴幼儿保暖。

（三）容易被烫伤

在沐浴的过程中，保教人员的过失行为可能导致婴幼儿被烫伤，而婴幼儿的皮肤娇嫩，一旦烫伤就会很严重。

预防烫伤的措施如下。

（1）水温合适，不宜过高。

（2）沐浴时远离热水管、热水龙头、热水器及电暖器等。

（3）沐浴前先加冷水，再加热水，中途如要加水，不可直接添加过热的水。

（四）可能出现溺水

0~3岁的婴幼儿还不具备自我保护能力，在沐浴的过程中若保教人员的护理操作不专业，婴幼儿无法表述或正确表述不适，则有可能不小心出现溺水。

预防溺水的措施如下。

（1）保教人员须严格执行为婴幼儿沐浴的操作方法，避免由于不当操作而导致婴幼儿溺水。

（2）保教人员在任何情况下都不能把婴幼儿单独放在浴盆中，眼睛不能离开婴幼儿，即使有人叫或来电话也不能分心。

🔗 学习检测

【实训检测】

1. 教师组织学生模拟为婴幼儿沐浴，并进行面部与手部护理、眼部护理。

2. 学生分组录制婴幼儿沐浴、面部与手部护理、眼部护理视频，教师给予指导。

小组成员信息及分工情况

小组成员	姓名	学号	任务分工
组长			
组员			

【实训评价】

1. 能按照身体护理的工作内容及操作要求，对婴幼儿进行沐浴，以及面部、手部、眼部的安全护理。

2. 在模拟进行安全照护时，应符合实际工作场景，方法清晰，无知识性错误，模拟过程规范，可行性较强。

【知识检测】

1. 填空题

（1）0～3岁婴幼儿沐浴的室温为_____，水温为_____。

（2）0～3岁婴幼儿的沐浴方式为_____，时长为_____。

（3）0～3岁婴幼儿沐浴的护理准备包括_____。

（4）0～3岁婴幼儿沐浴的步骤包括_____。

2．根据所学知识，完成以下内容。

身体护理中可能存在的安全隐患及防护措施

身体护理中可能存在的安全隐患	防护措施

场景二：生活照护

【情景导入】

情景：游戏活动结束后，保教人员发现两岁的小艾嘴唇有些干，需要饮水了。她给小艾打好了水，小艾猛地一大口喝下去，突然剧烈咳嗽，把水喷了出来。

思考：针对小艾的情况，保教人员需要怎么做呢？

【学习目标】

1．掌握 0～3 岁婴幼儿喂养照护、饮水照护、尿布更换、睡眠照护的方法。

2．了解 0～3 岁婴幼儿在生活照护中存在的安全隐患，熟悉生活照护的安全照护流程。

3．能按照正确的流程解决生活照护中出现的安全问题，对婴幼儿进行安全照护。

【学习积累】

一、生活照护的基本概述

良好的日常生活照护是促进婴幼儿生长发育的基本保障，是保教人员实践回应性照护的重要体现。婴幼儿在与保教人员的亲密相处中逐渐认识自我、建立自信、培养情感和拓展能力。本任务场景主要学习如何科学地进行喂养照护、饮水照护、尿布更换、睡眠照护。

二、生活照护的工作内容及操作要求

（一）喂养照护

0～3 岁婴幼儿的喂养主要包括母乳喂养、人工喂养、混合喂养及辅食营养补充等，这里主要介绍人工喂养和辅食营养补充。自 6 月龄开始，应该及时、合理、适量且安全地为婴儿添加辅食和进行辅食营养补充，以满足婴儿的营养需求。

1. 喂养照护的操作流程及注意事项

1）人工喂养的操作流程

人工喂养的操作流程如表 2-2 所示。

表 2-2　人工喂养的操作流程

操作流程	具体步骤
奶具清洗消毒 消毒奶瓶 用夹子将奶具夹起 以瓶口向下的方式晾干	1. 用香皂或洗手液清洗双手，擦干双手后开始进行奶具清洗和消毒。 2. 将奶瓶中剩余的奶液倒掉，将瓶身、瓶盖、奶嘴全部拆开，分别用清水冲洗。 3. 滴入奶瓶清洗剂，加入适量清水并摇晃 5～10 秒。 4. 清洗奶嘴、吸管（小月龄婴儿暂不适用）、瓶身。 清洗奶嘴：用奶嘴刷洗刷奶嘴内外，确保清除各个死角残留的奶液。 清洗吸管：将吸管刷插入吸管，旋转吸管刷，将吸管清洗干净。 清洗瓶身：用奶瓶刷洗刷奶瓶内壁、瓶口螺旋纹处，揉搓奶瓶底部。 5. 沸水消毒。 玻璃奶瓶消毒：将奶瓶和冷水一起放入锅中，等水烧开后 5～10 分钟再放入奶嘴、瓶盖等，盖上锅盖再煮 3～5 分钟，关火，等到水稍凉，用消毒过的奶瓶夹取出奶瓶等器具。 塑料奶瓶消毒：等水烧开后，将瓶身、瓶盖、奶嘴一起放入锅中消毒，煮 3～5 分钟即可。 6. 消毒完成后将奶瓶等器具分别用奶瓶夹夹起，倒扣在干净的桌上或奶瓶架上，沥干后一定要盖上瓶盖，防止奶嘴长时间暴露在空气中，黏附细菌和灰尘
冲调配方奶	冲调配方奶的三要点：清洁、正确及新鲜。 1. 准备工作。先洗净双手，做好奶瓶的消毒工作，并在干净的桌面上操作。 2. 加入温开水。准备沸水，冷却到 40～60℃（以奶粉说明书上注明的温度为准），将温开水倒入奶瓶中。 3. 加入适量的奶粉。根据婴幼儿的月龄及产品包装上的喂养表，用专用量勺量取适当奶粉。多出量勺上沿的奶粉要刮去，保证奶粉量准确。将正确量的奶粉加入盛有温开水的奶瓶中。 4. 使奶粉溶解。拧紧瓶盖，搓动奶瓶使奶粉充分溶解

续表

操作流程	具体步骤
奶瓶喂哺	1. 配方奶冲调好后，在给婴幼儿喂奶前要试奶温，可将奶液滴于手背或手腕处，以不烫手为宜。 2. 给婴幼儿戴好围嘴，手中拿条小毛巾，随时擦掉溢出来的奶液。 3. 在婴幼儿清醒的状态下，采用正确的姿势喂哺：抱着婴幼儿，使其呈半直立位，碰碰婴幼儿靠近保教人员一侧的脸颊，让婴幼儿转过头来。奶瓶的位置与婴幼儿的下巴成 45°，使奶液始终充满奶嘴，以免婴幼儿吸入空气。 4. 如果婴幼儿在喂奶的过程中打瞌睡，则应该抱起婴幼儿或让婴幼儿坐起，为其拍嗝，然后继续喂奶。 5. 每次喂奶后，按婴幼儿喜欢的方式排气拍嗝

2）人工喂养的注意事项

（1）奶瓶消毒虽然必要，但并不是每次使用前后都要消毒，过于频繁地煮沸消毒会加速奶瓶、奶嘴的老化，也不利于婴幼儿肠道菌群的建立。对于月龄较小的婴儿，奶瓶可以每三天消毒一次，平时可以用沸水烫一下，彻底晾干。

（2）不要让婴幼儿独自一人躺着喝奶，容易造成窒息，也不要强迫婴幼儿每餐一定要喝完奶瓶里的奶液，避免婴幼儿吐奶。

（3）喂养次数：0～3 月龄婴儿的胃容量较小，保教人员应按需喂养；3 月龄后婴儿可建立自己的进食规律，保教人员应定时喂养，每 3～4 小时喂养一次，每天约喂养 6 次；对于 6～36 月龄的婴幼儿，可参考本节后续给出的喂养建议进行喂养。

（4）喂养量：将配方奶作为婴幼儿的主要营养来源时，保教人员需要估算每天的喂养量。喂养量可以根据婴幼儿的体重、能量需求以及配方奶的规格进行估算。通常，0～3 月龄婴儿每天的配方奶总摄入量为 500～750mL；3～6 月龄婴儿每天的配方奶总摄入量为 800～1000mL；6～12 月龄婴儿虽然已经添加辅食，但配方奶仍是其重要的营养来源，每天的配方奶总摄入量应维持在 450～600mL；12～36 月龄幼儿可以进食的食物种类越来越多，每天的配方奶总摄入量可以逐渐减少，直至断奶。需要注意的是，婴幼儿每次或每天的摄入量有小幅波动是正常的，无须刻板地要求婴幼儿摄入固定的奶量。

3）辅食添加的操作指导

辅食添加的操作指导如表 2-3 所示。

表 2-3 辅食添加的操作指导

添加时间	过早或过迟地添加辅食均会影响婴幼儿的生长发育。应从 6 个月起添加辅食，在合理添加辅食的基础上，可以继续母乳或人工喂养至 2 岁及以上。早产儿在矫正胎龄 4～6 月时应添加辅食
添加原则	1. 量由少到多。刚开始添加的辅食量可能仅为 1 勺，然后逐渐增多，让婴幼儿有一个适应过程。 2. 质地由稀到稠。刚开始添加辅食时，可将食物制成汁或泥状，以便于婴幼儿吞咽。过一段时间后将食物制成质地粗一些、硬一点的末状或碎状，以训练婴幼儿的咀嚼能力。 3. 种类由单一到多样。每添加一种食物应经过 2～3 天的适应期，待婴幼儿完全适应后再添加另一种食物，逐渐由食用一种食物到混合食用多种食物
辅食种类	制作辅食的食物包括谷薯类、豆类及坚果类、动物性食物（鱼、禽肉及内脏）、蛋、含维生素 A 丰富的蔬果、其他蔬果、奶类及奶制品 7 种。 添加辅食的种类每日不少于 4 种，并且应至少包括一种动物性食物、一种蔬果和一种谷薯类食物。6～12 月龄的辅食添加对婴儿的生长发育尤为重要，要特别注意添加的频次和种类。 婴幼儿辅食的添加频次、种类不足，将明显影响其生长发育，导致贫血、低体重、生长迟缓、智力发育落后等健康问题
合理制作	婴幼儿的辅食应单独制作，选用新鲜、优质、无污染的食材和清洁的水制作。烹调宜用蒸、煮、炖、煨等方式，食材要完全去除硬皮、骨、刺、核等，豆类及坚果类要充分磨碎。 1 岁以内婴儿的辅食应保持原味，不加盐、糖和调味品，1 岁以上幼儿的辅食要少盐、少糖。避免食用经过腌制、卤制、烧烤的食物，以及重油、甜腻、辛辣刺激的重口味食物

不同成长阶段婴幼儿的在园一日食谱参考如表 2-4～表 2-8 所示。

表 2-4 6～7 月龄婴儿的在园一日食谱

时间	膳食
06:00（家里）	母乳或配方奶 120～150mL
09:00	母乳或配方奶 120～150mL
10:30	果泥 10～20g
12:00	米糊 15～25g，菜泥约 20g
15:00	母乳或配方奶 120～150mL
16:30	果泥或菜泥 10～20g
18:00	母乳或配方奶 120～150mL

表 2-5 7～9 月龄婴儿的在园一日食谱

时间	膳食
06:00（家里）	母乳或配方奶 150～200mL
09:00	母乳或配方奶 150～200mL

续表

时间	膳食
10:30	蛋黄或果泥约 15g
12:00	粥半碗，碎菜 25～50g，肉 15～20g
15:00	母乳或配方奶 150～200mL
16:30	果泥或菜泥约 15g
18:00	儿童面片半碗，菜泥约 15g，鱼泥 15～20g

表 2-6　9～12 月龄婴儿的在园一日食谱

时间	膳食
07:00（家里）	母乳或配方奶约 250mL
10:00	果泥或菜泥约 25g
12:00	鸡蛋一个，碎菜 50～100g，肉 25～50g
15:00	母乳或配方奶约 250mL
16:30	果泥或菜泥约 25g
18:00	儿童面片半碗，菜泥约 25g，鱼泥 15～20g

表 2-7　12～24 月龄幼儿的在园一日食谱

时间	膳食
07:00（家里）	配方奶 250～300mL
8:30	蛋花粥
10:00	草莓 150g
12:00	红烧牛肉豆腐丸、烂饭
15:00	豆浆
17:00	洋葱肉末面、水煮青菜
20:00	配方奶 250～300mL

表 2-8　24～36 月龄幼儿的在园一日食谱

时间	膳食
07:00（家里）	配方奶 250～300mL
8:30	葱油菜包、红豆包
10:00	草莓 200g
12:00	红烧牛肉、什锦烩饭
15:00	豆浆、饼干
17:00	馄饨、油焖青菜
20:00	配方奶 250～300mL

2. 喂养照护中可能存在的安全隐患及防护措施

1）可能出现吐奶、呛奶

吐奶、呛奶是婴幼儿喂养中常见的现象。婴幼儿的胃呈水平位，胃与食道相连的贲门括约肌松弛，胃与十二指肠相连的幽门括约肌又较紧，所以常会发生胃食道反流，导致吐奶。而保教人员的喂奶姿势不对，或者婴幼儿喝奶较为着急，都会引起呛奶。吐奶、呛奶导致食物回流，对婴幼儿造成很大的伤害。

预防吐奶、呛奶的措施如下。

保教人员的喂奶姿势和方法要正确，不要让婴幼儿吞入空气，喂奶时也不要过多，更不要过快。偶尔吐奶不需要治疗，如果频繁吐奶或出现喷射样呕吐，则应及时就医。

2）可能出现舌头烫伤

由于保教人员在喂奶和辅食时，没有及时试温，导致冲调的配方奶、辅食温度过高，而婴幼儿的口腔黏膜又过于娇嫩，所以容易造成舌头烫伤。

预防舌头烫伤的措施如下。

保教人员一定要注意冲调配方奶的水温，等沸水冷却到 40～60℃再进行冲调。在给婴幼儿喂奶时，须将奶液滴于手背或手腕处，不烫手后再进行喂养。同时，在给婴幼儿喂辅食时，汤勺、食物都要提前测温，待食物温度适宜后再进行喂养。

学习检测

【实训检测】

1. 学生以"人工喂养婴幼儿"为主题，以小组为单位，演示奶粉冲调、喂哺、拍嗝、奶瓶清洗与消毒的操作程序，并录制视频。视频内容要兼具科学性、知识性和趣味性，时长不超过 10 分钟。

小组成员信息及分工情况

小组成员	姓名	学号	任务分工
组长			
组员			

2. 根据本次实训的主题，结合所学知识收集、整理相关资料，设计视频脚本，并确定道具清单（如奶粉、奶瓶、奶瓶清洗及消毒工具、热水壶等），填入表中。

道具清单

序号	名称	数量	备注

3. 录制视频并上传到网络平台，然后分享至班级微信群。

【实训评价】

1. 操作规范，动作熟练，能正确实施奶瓶喂哺。

2. 态度和蔼，在操作过程中动作轻柔，关爱婴幼儿。

【知识检测】

根据所学知识，完成以下内容。

喂养照护中可能存在的安全隐患及防护措施

喂养照护中可能存在的安全隐患	防护措施

（二）饮水照护

婴幼儿身体中的水分约占其体重的 80%，如果失去 20%的水分，就会危及生命。水是新陈代谢不可缺少的物质，部分代谢物只有溶解在水中才能排出，所以培养婴幼儿的饮水习惯很重要。研究表明，6～12 月龄是学习用杯饮水的关键时期。长期使用奶嘴除了会影响婴幼儿的口腔、牙齿发育，还会对婴幼儿的说话、发音造成影响。因此，美国儿科学会建议，儿童在 1 岁前最好停止使用奶嘴，学习使用水杯进行饮水。

让婴幼儿学习用杯饮水，不仅可以提高婴幼儿眼、手、口的协调能力，促进婴幼儿吞咽能力的提高，还可以有效降低奶嘴对婴幼儿口腔、牙齿发育的不良影响。

1. 饮水照护的操作流程及注意事项

1）饮水照护的操作流程

（1）清洁：先清洁自己的双手，再对婴幼儿的双手进行清洁。

（2）选杯：引导婴幼儿选择自己喜欢的水杯，让婴幼儿对接下来用杯饮水的行为不排斥。提示：在选择时可选带颜色、有卡通图案的水杯。

（3）示范：在婴幼儿学习用杯饮水前一定要做好正确的示范，并且示意婴幼儿跟着学习，教他怎样才能喝到水。

（4）引导：边示范边引导婴幼儿饮水，同时注意在婴幼儿刚开始使用水杯时，不宜一次性倒入过多的水，否则会导致婴幼儿出现呛咳的情况，也会让婴幼儿对饮水产生恐惧，不利于婴幼儿的学习。建议采用循序渐进的方式，慢慢地增加水量，让婴幼儿有一个适应的过程。

（5）整理：在婴幼儿饮水完毕后，须及时整理已使用的饮水用物，清洁婴幼儿的双手并记录。

2）饮水照护的注意事项

（1）不同月龄婴幼儿每天的饮水量。

不同月龄婴幼儿每天的饮水量不同，月龄越小，饮水量相对越大。以下对婴幼儿每天的饮水量提出了建议，如表2-9所示。

表2-9　不同月龄婴幼儿每天的饮水量

月龄	每天的饮水量
0～6	建议母乳喂养，不需要额外补水
6～12	360～410mL
12～24	500～600mL
24～36	600～700mL

针对0～6月龄的婴儿，无论是母乳喂养、人工喂养还是混合喂养，所摄入的奶都可以提供其所需的全部营养，包括液体量，不需要额外补水。且6个月以内的婴儿的胃容量较小，饮水多了会增加肾脏负担，也会导致喝奶量减少，进而导致营养不良。

针对6个月以上的婴儿，开始为其添加辅食，水的来源更加丰富。在婴儿进食前后或两餐之间可以适量喂水，目的在于让婴儿逐渐习惯水的味道，学会饮水，还可以起到进食后清洁口腔的作用。但不要强迫婴儿饮水，达到每天的饮水量即可。

1岁以后，幼儿的活动量较大，对水的需求量有所增加，要鼓励幼儿多饮水。每个人对水的需求量与性别、年龄、代谢、气候、环境温度和湿度、身体活动、膳食等因素有关。在炎热或干燥的天气，或者在空调房中应注意提醒幼儿补水；在幼儿哭闹后、洗完澡后、活动后，或者出现发烧、呕吐、腹泻等症状时也需要及时补水。及时补水并不意味着"水喝得越多越好"，也不宜一次大量饮水。饮水的次数和水量要灵活把握，根据天气和幼儿自身的状况来决定。

（2）婴幼儿每天的饮水时间。

①早睡起床后、午睡起床后要定时让婴幼儿饮水，因为在睡觉期间，婴幼儿体内不断进行新陈代谢，所以在起床后需要补水。

②游戏、活动及沐浴后，及时给婴幼儿补水，因为在这期间，婴幼儿体内的水分流失较多，需要及时补充。

③餐前半小时至一小时适量饮水，可以使水分及时补充到全身细胞中，这样在进食时消化道就能分泌足够的消化液，婴幼儿就有食欲，食物也能得到充分的消化和吸收。

④除了定时给婴幼儿饮水，还需注意由于气温不同，婴幼儿的活动量不同，婴幼儿的饮食结构、身体状况也不同，所以有时定时饮水未必能满足所有婴幼儿对水的需求。因此，可以在游戏、活动中有针对性地观察婴幼儿的出汗量、嘴唇颜色及干湿程度来判断，可随渴随喝。

（3）婴幼儿水杯的选择。

①6个月以上的婴儿，可以先用奶瓶饮水，也可以尝试使用学饮杯、鸭嘴杯、吸管杯等。

②学饮杯、鸭嘴杯、吸管杯都是婴幼儿从奶瓶向水杯过渡的用具，为以后断掉奶瓶吸吮的方式做准备。在添加辅食后就要开始训练婴幼儿用杯饮水。如何选择水杯？这可以根据婴幼儿自身的喜好及特点来决定，如可以选择带婴幼儿喜欢的颜色或有卡通图案的水杯。可以准备多个水杯，轮流使用。

（4）婴幼儿用杯饮水的方法。

坐姿不对，方法全废。婴幼儿在学习用杯饮水时需要采用半卧位或坐位，不可以让婴幼儿全躺饮水。以下分享几种婴幼儿用杯饮水的方法。

①水杯吸引法：用带婴幼儿喜欢的颜色或有卡通图案的水杯给婴幼儿饮水，先激发其使用水杯的兴趣。只要婴幼儿能够认可水杯，自然就能慢慢学会用杯饮水。

②食物引导法：可以放一片婴幼儿日常喜欢吃的水果或一点婴幼儿日常喜欢喝的果汁在水里，稍微有点水果味道就可以。

③榜样引导法：对于较大的幼儿，可以告诉他，他喜欢的某个人物或卡通形象也喜欢饮水，这样对于促进幼儿饮水会产生积极的作用。

④游戏引导法：婴幼儿喜欢玩游戏，可以与婴幼儿玩一些饮水的游戏。例如，在喂水时保教人员可以做一些夸张的表情，吸引婴幼儿的注意力，让婴幼儿觉得用杯饮水是一件有趣的事。多练习几次，婴幼儿自然就乐意用杯饮水了。

温馨提示：不要给婴幼儿饮冰水或温度过高的水。冰水容易引起胃黏膜血管收缩，影响消化或引起肠痉挛；温度过高的水会烫伤婴幼儿的嘴唇，甚至烫伤婴幼儿的咽喉，引发呼吸道感染。

2. 饮水照护中可能存在的安全隐患及防护措施

1）可能出现呛水

因为婴幼儿的吞咽能力不是那么好，所以在饮水时会出现呛水，或者由于饮水时坐姿不正确而导致呛水。呛水容易造成呼吸抑制或吸入性肺炎。

预防呛水的措施如下。

（1）需要注意婴幼儿饮水时的坐姿，采用半卧位或坐位进行饮水。

（2）给婴幼儿的水杯里添水不宜过多，这样婴幼儿的每一口饮水量都不是太大。

（3）不要在婴幼儿哭闹或大笑的时候喂水，因为这个时候气道打开，若饮水则非常容易被呛。

（4）当婴幼儿出现呛水时，要立即停止喂水，让婴幼儿缓口气，不停地喂水只会加重婴幼儿呛水的情况。

（5）呛水后，保教人员应立即把婴幼儿抱起，让婴幼儿的上身抬高，拍其后背或快速搓其后背，以刺激婴幼儿的呼吸，防止出现呼吸抑制的情况。

（6）婴幼儿饮水被呛到以后，有可能导致吸入性肺炎，所以应注意观察婴幼儿是否有发热、呼吸增快、咳嗽、咳痰等症状。如果出现这些症状，则提示婴幼儿有呼吸道感染，需要及时就医。

2）可能出现水中毒

婴幼儿的肾脏功能发育还不完全，饮水过量，会使体内的钠被过度稀释，很难排出体内过多的水，轻则导致水肿、无力、抽搐等，重则会引起肾衰竭。同时，婴幼儿的胃容量很小，水会占据本来就有限的胃容量，若过量饮水则会导致婴幼儿的喝奶量减少，进而导致营养不良。

预防水中毒的措施如下。

水中毒是由饮水过量导致的，所以保教人员在给婴幼儿喂水时，需要注意婴幼儿的饮水量。具体饮水量可参考表 2-9。

学习检测

【实训检测】

教师组织学生分组模拟引导婴幼儿用杯饮水，并录制视频。视频内容要兼具科学性、知识性和趣味性，时长不超过 10 分钟。

小组成员信息及分工情况

小组成员	姓名	学号	任务分工
组长			
组员			

【实训评价】

1. 操作规范，动作熟练。

2. 操作过程中语言温和、动作轻柔，给婴幼儿带来安全感和信任感。

3．能按照操作流程正确引导婴幼儿使用水杯饮水。

【知识检测】

根据所学知识，完成以下内容。

饮水照护中可能存在的安全隐患及防护措施

饮水照护中可能存在的安全隐患	防护措施

（三）尿布更换

喝母乳的婴幼儿的大便呈弱酸性，且稍稀一点；喝配方奶的婴幼儿的大便呈弱碱性，且稍干一些。添加辅食后，婴幼儿的大便就会更干。无论是干、稀便，还是酸性或碱性物质，都对婴幼儿的皮肤具有刺激性。如果不及时更换尿布，婴幼儿娇嫩的皮肤就会充血，轻则导致皮肤发红或出现尿布疹，重则可能使皮肤溃疡、脱皮。

1．尿布更换的操作流程及注意事项

尿布更换的操作流程及注意事项如表 2-10 所示。

表 2-10　尿布更换的操作流程及注意事项

操作准备	1．环境准备：光线充足，室温适宜（24～26℃），避免穿堂风。 2．物品准备：准备操作台、尿布（或纸尿裤）、装有 38～40℃温水的洗臀部专用的小盆、毛巾、柔软的纸巾或婴幼儿湿巾、护臀霜、尿布桶、室温计、棉签。 3．人员准备：保教人员脱去外衣，洗净双手，修剪指甲，摘掉手表、戒指等饰物
操作流程	1．让婴幼儿平躺。 让婴幼儿仰面躺在操作台上或在床上铺一块专门用于更换尿布的垫子。若婴幼儿哭闹不配合，保教人员可以唱歌或用玩具安抚。 2．解开尿布。 解开系尿布的带子，不能抽拉带子，以防损伤婴幼儿的皮肤。或者撕开纸尿裤的胶带，将撕开后的胶带粘在纸尿裤上，以防损伤婴幼儿的皮肤。 3．撤下尿布。 （1）一只手提起婴幼儿的双腿（拇指和中指握住婴幼儿的两只脚踝，食指放在双踝之间），将婴幼儿的腿和臀部轻轻抬起。 （2）另一只手用尿布的干净面或纸巾从前向后擦去腹部、腹股沟、会阴、臀部等处的污物。

续表

操作流程	（3）将尿布向内对折，垫在臀下。 4. 清洁臀部。 用湿巾或温湿毛巾从前向后擦干净腹部、腹股沟、会阴、臀部。对于男婴，注意清洁阴囊表面、外生殖器和两者的结合处；对于女婴，注意阴唇内侧容易积留大便，应轻轻将其撑开擦净。 5. 观察是否有"红屁股"。 "红屁股"即尿布疹，表现为臀部皮肤红成一整片，像烧坏了一样。若有，则须涂上治疗"红屁股"的专用药膏；若没有，则可直接实施第6步。 6. 涂护臀霜，换上尿布。 （1）一只手提起婴幼儿的双腿，使其臀部略微抬高，另一只手取出臀下污湿的尿布，折卷后放入尿布桶。 （2）将干净的尿布放置于其胯下，用棉签在臀部滚动涂抹护臀霜。 （3）将尿布的带子从后面送到前面，系好带子后能容纳一根手指，松紧适宜。新生儿的尿布上缘一定不要覆盖脐部。纸尿裤要紧贴腿部和腰部、腹部。男婴的前部容易尿湿，所以前部应垫得厚一些；女婴的背后容易尿湿，所以背后应垫得厚一些。 （4）换纸尿裤时，将有胶带的一侧放在婴幼儿的后面，另一侧通过婴幼儿的两腿间放在前面。将后面的纸尿裤拉向前面，揭开胶带压在固定的位置上，整理好纸尿裤。双手食指放入腰部纸尿裤间，测试纸尿裤是否粘得太紧或太松。如果是新生儿，则注意不要遮住脐部。 7. 拉平衣服。 换好尿布后，拉平婴幼儿的衣服并把婴幼儿放在安全的地方，如婴儿床，并给婴幼儿盖好被褥。 8. 清洁记录 保教人员处理脏尿布，清洁用物、洗手并记录
注意事项	1. 注意室温，动作迅速、熟练，以免婴幼儿受凉。 2. 垫纸尿裤时看清前后方向。 3. 要经常更换尿布，以免引起尿布疹。 4. 更换尿布时，男婴要确保阴茎朝向下方，避免尿液从尿布上方漏出。 5. 新生儿的尿布不要遮住脐部，保持脐部清洁和干燥。 6. 在给新生儿更换尿布时，不要把两腿拉直，以免影响髋关节发育。 7. 为防止疾病传播，更换尿布时应执行严格的卫生程序。更换尿布区必须专门用于更换尿布，并远离食物准备场所。在每次更换尿布前检查并确保操作台是干净卫生的。 8. 换下来的纸尿裤应丢到有盖的垃圾桶里。重复使用的尿布需要先将大便倒入马桶，然后用低刺激的洗衣粉/液和消毒液浸泡，清洗消毒。 9. 在更换尿布的过程中一定要小心看护婴幼儿，绝对不可以将婴幼儿单独留在婴儿床或操作台上，以免发生跌落

2. 尿布更换中可能存在的安全隐患及防护措施

1）可能导致婴幼儿受凉

在给婴幼儿更换尿布时，出现受凉的原因有两点：一是更换尿布时室温过低或有穿堂风导致婴幼儿受凉；二是保教人员操作不熟练，操作时间过长导致婴幼儿受凉。

预防婴幼儿受凉的措施如下。

（1）保证室温为 24～26℃，避免穿堂风。

（2）保教人员需要熟悉操作流程，做到规范操作，减少婴幼儿身体暴露的时间。

2）可能导致婴幼儿翻滚坠落

在更换尿布时，出现婴幼儿翻滚坠落事故，对婴幼儿的身心影响非常大！若脑部着地，轻则导致脑部着地部位起包，出现青紫，重则可能导致脑震荡。若当时并未发现有以上症状，保教人员也要在过后注意观察其是否常常发呆、脸色渐渐不好、全身无力和呕吐，一旦发现情况不对必须立即就医。

预防婴幼儿翻滚坠落的措施如下。

（1）在更换尿布时，保教人员一定要将用物携带齐全，避免操作时离开婴幼儿。

（2）禁止将婴幼儿单独留在婴儿床或操作台上，始终确保一只手与婴幼儿接触，防止婴幼儿翻滚坠落。

学习检测

【实训检测】

教师组织学生分组模拟给婴幼儿更换尿布，并录制视频。视频内容要兼具科学性、知识性和趣味性，时长不超过 10 分钟。

小组成员信息及分工情况

小组成员	姓名	学号	任务分工
组长			
组员			

【实训评价】

1．操作规范，动作熟练。

2．操作过程中语言温和、动作轻柔，给婴幼儿带来安全感和信任感。

3．能按照操作流程正确给婴幼儿更换尿布。

【知识检测】

根据所学知识，完成以下内容。

尿布更换中可能存在的安全隐患及防护措施

尿布更换中可能存在的安全隐患	防护措施

（四）睡眠照护

睡觉是婴幼儿非常重要的生活内容之一。睡觉除帮助婴幼儿恢复体力外，在婴幼儿的体格生长、认知发育、学习能力、记忆能力、情绪行为等方面也发挥着重要的作用。由于婴幼儿的早期睡眠/觉醒模式变化迅速且过程复杂，因此外界环境的刺激及睡眠方式的不当，都会导致婴幼儿的睡眠问题。若婴幼儿出现睡眠问题，则其身体的多个系统功能将受到不良影响，可能导致婴幼儿生长发育迟缓，学习能力、记忆能力下降，并且容易出现多动、易怒等一系列情绪问题。

婴幼儿期入睡困难、夜醒频繁、睡眠节律紊乱，是常见的、发生率较高的睡眠问题。想要解决睡眠问题，我们就需要先认识和了解睡眠。

1．睡眠照护的操作流程及注意事项

1）睡眠照护的操作流程

（1）环境准备。

①温度：房间温度为 20～25℃。

②湿度：房间湿度为 60%～70%，被窝湿度为 50%～60%。

③光线：日间睡觉不拉窗帘，保持正常的光线；夜间睡觉前让室内光线暗一些，这样能帮助婴幼儿尽快建立昼夜节律。

④声音：日间睡觉保持正常的环境声音，不必刻意压低说话声音、电视声音等，不需要绝对安静。因为如果让婴幼儿在睡觉时一直处于过度安静的环境，会使其变得对声音非常敏感，那在夜间睡觉时即使很小的声音也会将其惊醒。

⑤床上用品：准备大小合适的婴儿床、柔软舒服的床上用品。

温馨提示：保教人员可以在婴幼儿入园前提前与家长沟通婴幼儿的睡眠情况，便于更科学地帮助婴幼儿建立良好的睡眠环境及睡眠习惯。

（2）睡前活动。

在睡觉之前，保教人员可以通过一系列有秩序的活动，帮助婴幼儿建立规律的作息，舒缓婴幼儿的情绪，使其进入睡前的状态。

①活动内容：固定有序，每天基本保持一致，温馨适度。

②活动形式：睡前一小时喂奶、洗温水澡、换尿布、讲故事、播放舒缓的音乐。

③活动时间：20～25分钟最佳，不宜过长。

（3）入睡安抚。

①新生儿入睡安抚。

在新生儿清醒时，应给予其足够的关注，观察新生儿需要睡眠或过度疲劳的信号。采取轻轻摇晃、播放催眠曲、抚触等手段让新生儿感到舒适，以帮助新生儿入睡。

②1～6月龄婴儿入睡安抚。

保教人员应观察婴儿的睡眠信号，当婴儿醒来哭闹时，保教人员须及时回应，可以先排除生理需求，再观察婴儿能否平静下来重新入睡。如果哄睡时婴儿哭闹，则保教人员可以给予一些短时的安抚，如轻拍、抚触等。

③6～12月龄婴儿入睡安抚。

找到婴儿的睡眠/清醒规律，培养一个简单的睡眠习惯。比如，当看到婴儿想睡时，就将他放到婴儿床上让其自然入睡，让他知道婴儿床就是睡觉的地方。同时，可以播放单调的音乐或节拍，以帮助婴儿入睡。

④12～36月龄幼儿入睡安抚。

该阶段的幼儿开始出现分离焦虑，这时建议减少幼儿的夜奶次数，将喂奶或进食与睡眠分开，在睡前一小时喂奶。当幼儿哭闹时，保教人员应先排除生理需求，耐心观察，等待几分钟，再待在其身边1～2分钟后离开，重新等待，并逐步延长等待时间，帮助幼儿学会独自入睡。

（4）睡眠观察。

①睡姿观察。

观察婴幼儿的睡姿是否正确，避免因睡姿不当导致婴幼儿出现猝死综合征。如何观察？怎样避免婴幼儿出现猝死综合征？这需要了解婴幼儿常见的睡姿。

婴幼儿常见的睡姿有三种：仰卧、侧卧、俯卧。

仰卧是婴幼儿经常采取的一种睡姿，有利于放松肌肉，避免内脏受压，对内脏的负担较小。但仰卧会使舌根后坠，有时可能阻塞呼吸道，使婴幼儿呼吸困难，并且有吐奶或溢奶习惯的婴幼儿有发生窒息的风险。

侧卧也是婴幼儿经常采取的一种睡姿，尤其是右侧卧是一种比较好的睡姿，对重要器官无过分压迫，又有利于放松肌肉，婴幼儿吐奶或溢奶时也不致吸入气管。但1岁以内的婴儿的头颅骨缝还未完全闭合，长时间单向侧卧，容易致使脸部两侧不对称，并且可能造成斜视。所以，保教人员在观察婴幼儿的睡姿时，一定要帮助婴幼儿左右侧卧交替。

俯卧姿势入睡只适合1个月以上的婴儿。采取这种睡姿，要求床要平，不要用枕头，垫被不能太软。这种睡姿可以增加婴幼儿头部、颈部和四肢的活动。

②健康观察。

保教人员在婴幼儿睡觉期间除观察睡姿外，还需观察婴幼儿的健康情况。具体内容包括测体温，观察是否有吐奶或溢奶，是否有突然发热惊厥、抽搐、鼻塞、呼吸不畅等。

（5）睡起照护。

①保教人员检查并更换尿布，给婴幼儿穿好衣服，保证婴幼儿身体清爽。

②引导婴幼儿饮水，满足婴幼儿的饮水需求。

（6）睡眠记录。

保教人员应及时记录婴幼儿的入睡时间、睡眠时间、睡觉姿势、睡醒精神状态。

2）睡眠照护的注意事项

（1）睡眠时间和次数。

①0～3 月龄婴儿睡眠时间和次数。

在这个阶段，婴儿大部分的时间都在睡觉，尤其是新生儿，没有白天和晚上的概念，睡眠缺乏规律，未形成睡眠昼夜节律，易出现昼夜颠倒的情况。该阶段的婴儿的睡眠相当脆弱，容易受周围环境的干扰，每天的睡眠时间为 13～18 小时，每次睡眠时间为 2～4 小时。

②3～6 月龄婴儿睡眠时间和次数。

3～6 月龄的婴儿的睡眠逐渐规律，变为"晚上主要睡觉，白天主要活动"的状态。每天睡觉的次数大约减至 3 次，上午睡 1～2 小时，下午睡 2～3 小时。

③6～12 月龄婴儿睡眠时间和次数。

在这个阶段，婴儿的睡眠模式逐渐向成人模式发展，变为"晚上多睡，白天多活动"，夜醒次数逐渐减少。

⑤12～36 月龄幼儿睡眠时间和次数。

1 岁以后，幼儿基本上可以建立较稳定的睡眠模式，即长时间的夜间睡眠和白天两次短暂的小睡（上午和下午）模式。在幼儿睡醒后，保教人员要及时给幼儿穿衣，不能让其长时间待在床上玩。

（2）睡姿要求。

①新生儿宜采取侧卧睡姿。尤其是刚喂完奶后，应采取右侧卧，有利于胃内食物顺利进入肠道，防止其呕吐。

②对于 1 岁以上的幼儿，最好三种姿势交替睡，不要总是固定一个姿势。也可以根据幼儿的特点和不同情况，选择合适的睡姿。

2. 睡眠照护中可能存在的安全隐患及防护措施

1）在婴幼儿睡眠期间，出现窒息

婴幼儿在睡觉时，出现窒息的原因一般有三点：一是婴幼儿的睡姿不对，二是床上用品不当，三是婴幼儿被衣物勒住颈部或被其他外在物品盖住口鼻等。

预防窒息的措施如下。

（1）婴幼儿的床上不要放过于柔软的床上用品，否则会让趴着睡的婴幼儿的口鼻被掩盖而阻碍呼吸，导致窒息。

（2）在婴幼儿睡眠期间，保教人员一定要做好婴幼儿的睡姿观察，避免由于睡姿不当导致窒息。例如，当婴幼儿采取仰卧睡姿时，舌根会后坠，有时可能阻塞呼吸道，使其呼吸困难，也有可能出现吐奶或溢奶造成气管堵塞，导致窒息。

（3）在婴幼儿睡眠期间，保教人员一定要做好婴幼儿的健康观察。当发现婴幼儿被衣物勒住颈部或盖住口鼻时，应及时拿走衣物，且观察婴幼儿的呼吸节奏是否正常、面部颜色是否青紫等。若出现呼吸困难、面色青紫，则须及时就医。

2）在婴幼儿睡眠期间，出现高热、惊厥、抽搐等突发症状

由于婴幼儿的大脑、免疫系统并没有发育完全，因此在睡觉时易出现高热，诱发惊厥，此为最常见的高热惊厥。

预防高热、惊厥、抽搐的措施如下。

在婴幼儿睡眠期间，做好婴幼儿的睡姿和健康观察，随时监测婴幼儿的体温。当发现婴幼儿出现高热、惊厥、抽搐等症状时，第一时间采取应急措施并及时就医。

学习检测

【实训检测】

教师组织学生分组模拟对婴幼儿进行睡眠照护，并录制视频。视频内容要兼具科学性、知识性和趣味性，时长不超过 10 分钟。

小组成员信息及分工情况

小组成员	姓名	学号	任务分工
组长			
组员			

【实训评价】

1．操作规范，动作熟练。

2．操作过程中语言温和、动作轻柔，给婴幼儿带来安全感和信任感。

3．能按照操作流程正确引导婴幼儿入睡。

【知识检测】

根据所学知识，完成以下内容。

睡眠照护中可能存在的安全隐患及防护措施

睡眠照护中可能存在的安全隐患	防护措施

场景三：游戏照护

【情景导入】

情景：6个月大的岳岳最喜欢玩的游戏活动就是让保教人员抓住自己的脚，将自己倒拎起来转圈圈。1岁的乐乐最喜欢玩的游戏活动则是让保教人员先将自己抛起来再接住。这样紧张刺激的游戏活动，每次岳岳、乐乐都很喜欢。

思考：这样的游戏活动有什么安全隐患？

【学习目标】

1．掌握0～3岁婴幼儿游戏照护的方法。

2．了解0～3岁婴幼儿在游戏活动中存在的安全隐患，熟悉游戏活动的安全照护流程。

3．能按照正确的流程解决游戏活动中出现的安全问题，对婴幼儿进行安全照护。

【学习积累】

一、游戏照护的基本概述

游戏是婴幼儿基本的活动，也是其主要的学习途径。对0～3岁的婴幼儿来说，游戏犹如生命一样重要。游戏能发展婴幼儿的多种智能，使婴幼儿在活动中获得丰富的体验与成长的快乐。通过游戏和玩具与婴幼儿互动，能够提升其肢体的灵活性与协调性，发展其认知能力。游戏不仅有助于培养婴幼儿的自我保护能力，还有助于其养成良好的情绪情感。但由于婴幼儿存在骨骼脆弱、平衡性掌握不好等问题，加上在性格上又具有好奇心重、好玩好动的特点，所以在日常游戏活动中存在很多不安全的因素。这就要求保教人员应注重婴幼儿在游戏活动中的安全照护。

二、0～3 岁游戏活动推荐及操作

0～3 岁婴幼儿的游戏活动可分为两种：运动游戏活动和感官游戏活动。

（一）运动游戏活动

（1）对 0～12 月龄的婴儿，可选择与俯卧、翻身、抱坐等动作发展相关的游戏对其进行训练，如翻身游戏等。

（2）对 12～36 月龄的幼儿，可选择与站、走等动作发展相关的游戏对其进行训练，如走路游戏等。

游戏推荐一：婴幼儿被动操

游戏准备：

①时间：最好在上午进行，安排在喂奶前后半小时做，以免引起不良反应。

②设备：材质柔软的大毛巾、消毒爬行垫、免洗消毒液。

③环境：室温以 26℃为宜，播放舒缓的音乐。

④人员：保教人员具备游戏活动的理论知识及操作技能，着装整洁、剪短指甲、洗净双手，未佩戴首饰。

游戏流程：

步骤一：保教人员洗净双手，将大毛巾铺到床上或桌子上，高度以适合保教人员操作为标准。

步骤二：扩胸运动+伸展运动，两个运动为一组，反复做两个八拍。

扩胸运动：握住婴幼儿的双手，拇指放在婴幼儿的手掌内，让婴幼儿握拳，令其双臂屈曲于胸前，然后打开双臂，平伸于身体双侧。

伸展运动：握住婴幼儿的双手，上举至头两侧，再慢慢放下双臂至身体两侧。

步骤三：屈腿运动+抬腿运动，两个运动为一组，反复做两个八拍。

屈腿运动：握住婴幼儿的双腿，令其双腿膝关节上抬，并屈曲呈90°，然后将双腿慢慢伸直并拢。

抬腿运动：握住婴幼儿的双腿，将双腿伸直举至与身体呈 90°，然后慢慢放下。

步骤四：转手腕＋转脚腕，两个运动为一组，反复做两个八拍。

转手腕：一只手握住婴幼儿的前臂，另一只手握住婴幼儿的手掌，先沿顺时针方向缓缓转动手掌，再沿逆时针方向缓缓转动手掌，然后换另一只手。

转脚腕：一只手握住婴幼儿的小腿，另一只手握住婴幼儿的脚掌，先沿顺时针方向缓缓转动脚掌，再沿逆时针方向缓缓转动脚掌，然后换另一只脚。

步骤五：翻身，反复做两个八拍。

翻身：一只手扶住婴幼儿的腹部，另一只手扶住婴幼儿的肩背部，同时稍微用力推肩，使婴幼儿翻身俯卧30秒至1分钟（锻炼颈部，做抬头训练），然后让其转身仰卧。

步骤六：保教人员整理用品，洗手、记录。

注意事项：

（1）做操前

①保教人员应把手洗干净，指甲不宜过长，摘掉首饰，手的温度要适当。

②婴幼儿应穿轻便、宽大的衣服，并尽可能少穿衣服，保证身体充分活动。

（2）做操时

①保教人员的动作要轻柔、缓慢、有节奏，不要过度牵拉或过于用力。

②态度和蔼可亲，注意与婴幼儿之间的情感交流。最好配有节奏舒缓的音乐，做操之前要和婴幼儿轻声说话。每节操之前都要告诉婴幼儿下面要做什么动作，一边做动作一边轻声喊口令：一二三四，二二三四，三二三四，四二三四。

③若在游戏期间婴幼儿哭闹，不愿意继续，则应立即停止。

游戏推荐二：小小乌龟爬呀爬

游戏准备：

①时间：喂奶前后一小时做，以免引起不良反应。

②设备：材质柔软的大毛巾、消毒爬行垫、免洗消毒液、乌龟玩具、乌龟头饰。

③环境：室温以26℃为宜，播放舒缓的音乐。

④人员：保教人员具备游戏活动的理论知识及操作技能，着装整洁、剪短指甲、洗净双手，未佩戴首饰。

游戏流程：

步骤一：导入环节。

保教人员用乌龟玩具表演爬行，引起婴幼儿的兴趣。

步骤二：主题活动。

活动一：抱抱小乌龟。

保教人员拿出乌龟头饰，放至距离婴幼儿 3 米远的地方。可在前面用乌龟头饰引导婴幼儿，促使婴幼儿努力往前爬。当婴幼儿爬到乌龟处时，保教人员将乌龟头饰给婴幼儿戴上。

活动二：小乌龟吃糖果。

保教人员先示范手膝交替协调地向前爬，爬到桌前取糖果，然后引导婴幼儿手膝交替向前爬去取糖果。若婴幼儿手膝交替爬行比较困难，保教人员可用毛毯兜住婴幼儿的胸腹部，把毛毯提起，帮助婴幼儿练习手膝交替爬行。

活动三：小乌龟回家。

"小乌龟玩累了，要回家找妈妈了，我们一起把它送回家吧。"保教人员用乌龟玩具示范爬上斜坡、爬下斜坡，先引导婴幼儿爬上斜坡再从斜坡上爬下来，送小乌龟回家。

步骤三：活动结束。

保教人员引导婴幼儿做放松舒展动作，如"小手做眼睛，眨啊眨"。

（二）感官游戏活动

感官游戏是指通过游戏的方式对 0～3 岁婴幼儿的视觉、听觉、触觉、嗅觉、味觉等进行有目的的训练的过程。

游戏推荐三：抓脚脚

游戏准备：

①时间：喂奶前后半小时做，以免引起不良反应。

②设备：材质柔软的大毛巾、消毒爬行垫、免洗消毒液、红色丝带、铃铛。

③环境：室温以 26℃为宜，播放舒缓的音乐。

④人员：保教人员具备游戏活动的理论知识及操作技能，着装整洁、剪短指甲、洗净双手，未佩戴首饰。

游戏流程：

步骤一：保教人员洗净双手，将大毛巾铺到床上或桌子上。

步骤二：保教人员给婴幼儿的脚戴上红色丝带或铃铛，通过视觉和听觉效果，引导婴幼碰触自己的脚。

步骤三：保教人员整理用品，洗手、记录。

游戏推荐四：手指小丑

游戏准备：

①时间：喂奶前后半小时做，以免引起不良反应。

②设备：材质柔软的大毛巾、消毒爬行垫、免洗消毒液、小丑指套。

③环境：室温以 26℃为宜，播放舒缓的音乐。

④人员：保教人员具备游戏活动的理论知识及操作技能，着装整洁、剪短指甲、洗净双手，未佩戴首饰。

游戏流程：

步骤一：保教人员洗净双手，将大毛巾铺到床上或桌子上。

步骤二：保教人员在手指上套上一个小丑指套（可以用其他色彩鲜艳的动物形象或物品代替），做出上下左右的移动动作，叫婴幼儿的名字，吸引婴幼儿的注意力，看婴幼儿的眼睛能不能跟随。

步骤三：保教人员整理用品，洗手、记录。

三、游戏照护中可能存在的安全隐患及防护措施

（一）在游戏活动中，出现磕、碰、刮伤

由于婴幼儿的年龄小、身体协调性差，又缺乏自我保护意识，所以往往在游戏活动中，特别是在运动游戏中，易出现磕、碰、刮伤。

预防磕、碰、刮伤的措施如下。

（1）在游戏活动中，保教人员不可佩戴首饰，应剪短指甲，时刻注意婴幼儿的运动情况，避免不必要的磕、碰、刮伤。

（2）游戏时所需要用到的玩教具一定要做好防撞措施，避免婴幼儿在游戏活动中由于游戏器材或玩教具未做防护措施而导致磕、碰、刮伤。

（3）游戏活动场地一定要宽敞、明亮、整洁，保教人员须有序组织游戏活动，避免由于游戏活动场地过小或保教人员无序组织游戏，而致使婴幼儿在游戏活动中出现碰撞，发生磕、碰、刮伤。

（4）发生磕、碰、刮伤后，及时做好消毒工作并上药。

（二）在游戏活动中，出现脱臼、骨折

除婴幼儿本身的原因外，保教人员在引导或协助婴幼儿完成动作时，操作不规范、动作粗鲁、用力过大等也会导致婴幼儿出现脱臼、骨折。

预防脱臼、骨折的措施如下。

（1）在游戏活动中，保教人员的操作一定要规范、动作须轻柔，不可用力过大。

（2）在游戏活动中，保教人员要时刻注意观察婴幼儿的运动情况，避免其从运动设备或辅助器材上掉落而发生脱臼、骨折。

（3）游戏活动场地一定要宽敞、明亮、整洁，保教人员须有序组织游戏活动。

（4）发生脱臼、骨折后，及时做好以防二次伤害的防护措施，并立即就医。

学习检测

【实训检测】

教师组织学生分组模拟对婴幼儿进行游戏照护（模拟游戏活动的内容由学生分组自行选择），并录制视频。视频内容要兼具科学性、知识性和趣味性，时长不超过10分钟。

小组成员信息及分工情况

小组成员	姓名	学号	任务分工
组长			
组员			

【实训评价】

1. 操作规范，动作熟练。

2. 操作过程中语言温和、动作轻柔，给婴幼儿带来安全感和信任感。

3. 能按照操作流程正确引导婴幼儿进行游戏。

【知识检测】

根据所学知识，完成以下内容。

游戏照护中可能存在的安全隐患及防护措施

游戏照护中可能存在的安全隐患	防护措施

任务二　3～6岁幼儿一日活动安全照护

场景一：入离园

【情景导入】

情景：早上豆豆妈妈送豆豆入园，豆豆的眼睛红红的，手里还拿着小汽车。教师在与家长沟通后得知，豆豆昨晚睡得很晚，早上闹情绪不愿意上幼儿园，直到用他最爱的小汽车诱哄，这才愿意来。教师为了照顾豆豆的情绪，便同意豆豆拿着小汽车入园。晨间活动时，豆豆将小汽车放到地上玩耍，这时其他小朋友陆续进入教室，另一位小男孩没有注意到身后的豆豆，在转身往前走时踢到了豆豆的嘴巴，导致豆豆的嘴巴顿时鲜血直流。教师立即进行处理，并且在处理的过程中发现豆豆有一些发热，于是打电话通知家长。家长到园后，认为是教师照护不当，要求赔偿。

思考：在晨间发生此起安全事故的原因有哪些？

【学习目标】

1. 熟悉3～6岁幼儿入离园环节的工作内容及操作要求。

2. 能分析、判断入离园环节中存在安全隐患的原因，可以运用入离园环节的防护措施对3～6岁的幼儿进行安全照护。

【学习积累】

一、入园

（一）入园环节的基本概述

"一日之计在于晨"，晨检接待是幼儿每天在园生活的开端，是托幼园所（这里主要指幼儿园）一日活动的重要组成部分。它不仅是幼儿一日愉快情绪开启的重要时机，也是幼儿一日活动顺利开展的有效保证，还是师幼个性化互动及对幼儿实施养成教育的有效途径，更是建立良好家园关系、促进家园共育的宝贵契机。

入园环节包括三项内容：入园准备、晨检接待、晨间活动。

（二）入园环节的工作内容及操作要求

入园环节的工作内容及操作要求如表 2-11 所示。

表 2-11　入园环节的工作内容及操作要求

工作流程	具体内容	操作要求
入园准备	1. 更换着装，整理仪容，妥善放置手机等私人物品。 2. 开窗通风，打扫教室卫生区，对桌子、水杯等相关物品进行消毒。 3. 检查室内外活动环境，及时排除安全隐患，做好相关准备。 4. 准备晨间活动用具，摆放整齐有序	1. 通风时间不少于 10 分钟，保证室温适宜，冬季室温不低于 20℃，夏季室温不超过 28℃。 2. 消毒做到：清—消—清。 3. 做到"六净"：用消毒水擦拭地面、杯格、玩具柜、水龙头、门窗、桌椅等幼儿易接触的地方。 4. 幼儿的水杯、毛巾等物品摆放整齐。如需幼儿自己摆放，则应放在幼儿方便拿取的安全位置
晨检接待	1. 接待：热情接待家长和幼儿。 2. 晨检：一摸二看三问四查五防。 3. 交接：查收幼儿携带的衣物，归类存放。 4. 记录：对服药的幼儿做好服药记录，由家长签字；记录家长交代的其他事项	1. 接待：必须遵守教师行为规范，做到热情、微笑问好。 2. 晨检。一摸：用手触摸幼儿的额头，查看其是否发热；二看：观察幼儿的躯干、手、足有无红疹，口腔有无疱疹，查看其精神状况；三问：询问幼儿是否有身体不适感，了解其在家中的情况；四查：查看幼儿是否携带小刀、玻璃球等危险物品；五防：在传染性疾病流行季节，应重点检查幼儿有无传染性疾病接触史及早期症状。 注意：发现患病幼儿时，应单独进行询问并了解病情，以避免影响其他幼儿，导致事态扩大。

工作流程	具体内容	操作要求
晨检接待	1. 接待：热情接待家长和幼儿。 2. 晨检：一摸二看三问四查五防。 3. 交接：查收幼儿携带的衣物，归类存放。 4. 记录：对服药的幼儿做好服药记录，由家长签字；记录家长交代的其他事项	3. 交接：放好幼儿的书包和脱下的衣物。冬季室内外温差较大，要脱去幼儿过厚的衣物。衣物要放在专用橱柜里，若没有专用橱柜，则可挂放在活动室的专设位置。特殊物品要妥善保管，如钱款、首饰、玩具、危险物品等。 4. 如有用药的幼儿，则应详细记录在用药记录表上，记录内容包括用药时间、用药次数、用药剂量、用药注意事项、忌口食物等，并由家长签字
晨间活动	1. 根据教学主题、季节变化、幼儿年龄特征等设置活动内容。 2. 注意活动材料的丰富、多样、可操作性。 3. 设定合适的活动区域及座位安排。 4. 至少有一名保教人员在活动区域进行照护，引导幼儿有序开展晨间活动	1. 保教人员须全程在活动区域引导入园幼儿进行晨间活动。 2. 进行考勤记录，观察幼儿的活动状态，有异常情况及时上报。 3. 根据幼儿的数量及时调整座位，随时增加活动材料，避免抢夺材料的情况发生。 4. 提前5分钟结束晨间活动，组织幼儿整理材料并进入下一个环节，另一名保教人员提前在相关位置等候幼儿

（三）入园环节中可能存在的安全隐患及防护措施

1. 幼儿走失

早晨入园时人员繁杂，有些家长将幼儿送到托幼园所接待大厅门口就匆忙离开，并未将幼儿交到保教人员手中。另外，有些托幼园所的入园安全管理制度不完善，导致幼儿自行从大门离开。幼儿走失是托幼园所面临的极大安全隐患，相关事件频发。一旦发生幼儿走失事件，就会给整个家庭带来沉重的打击和无法挽回的痛苦，同时对托幼园所而言也是极大的打击。

预防幼儿走失的措施如下。

（1）与家长签订家园安全管理协议，要求家长将幼儿送到保教人员手中，打过招呼确认后再离开。

（2）完善托幼园所的入园安全管理制度，做到托幼园所教职工人人知晓入园安全要求，并严格落实入园安全管理制度。

（3）保教人员做好幼儿的出勤工作，严格执行出勤管理制度，清楚班级应到、实到人数。另外，还要填写幼儿出勤表，对于缺勤的幼儿，应联系家长了解清楚原因。保证幼儿在自己的视线范围内，如有特殊情况需要离开岗位，则一定要做好交接工作。

（4）一旦发现幼儿走失，应立即向园所领导汇报，第一时间告知家长，并请警方协助寻找。

2. 幼儿携带危险物品入园

幼儿缺乏生活经验和安全常识，又处于好奇心旺盛时期，不懂什么是危险物品，往往会趁家长不注意携带危险物品入园。例如，耳钉、皮筋、玻璃球和一些尖锐的玩具等，这些都存在极大的安全隐患。

预防幼儿携带危险物品入园的措施如下。

（1）按照托幼园所制定的入园安全管理制度，保教人员在进行晨检工作时须严格对幼儿所携带的物品进行安全性检测。例如，检查是否按要求带齐当日所需用品，检查幼儿是否携带不安全物品（如小果子、小珠子、小石子、危险玩具等）。

（2）保教人员在检测出禁止携带的危险物品时，要及时与家长沟通，确保危险物品无法入园。

3. 幼儿携带传染性疾病入园

幼儿的免疫力不强，对外界的细菌和病毒侵扰没有抵抗力，因此比较容易生病且一些疾病还具有传染性。若在幼儿入园时，保健医生及保教人员在晨检时草草了事，未按照"一摸二看三问四查五防"进行工作，导致幼儿携带传染性疾病入园，则不仅会让患病幼儿的病情加重，还会传染给其他幼儿，影响其他幼儿的身体健康，更不利于托幼园所开展幼儿安全照护工作。

预防幼儿携带传染性疾病入园的措施如下。

（1）保教人员应严格执行入园安全管理制度，晨检工作"一摸二看三问四查五防"不可草草了事。若在晨检中发现幼儿患传染性疾病或有其他疾病表现，则应立即通知家长，并让其带幼儿到医院检查、治疗，等痊愈后再让其入园。

（2）保教人员须每天针对缺席幼儿查明原因。如果幼儿因患传染性疾病请假，则要上报托幼园所，及时对园内的其他幼儿采取预防措施。

（3）预防传染性疾病最有效的办法就是净化室内环境，保持空气清新。保教人员来园后，先开窗适度通风，保持空气流通，再用有效浓度的消毒液擦拭玩具柜及室内家具、门把手等处。

温馨提示：若发现有三名以上幼儿出现相同症状，则托幼园所应及时采取相应的消毒措施，并根据病情及时上报。

4. 幼儿用药不明

幼儿用药不明的原因主要是托幼园所的用药安全管理制度不完善：一方面，家长在与保教人员交接药物时，未交代清楚用药时间、次数、剂量等信息；另一方面，保教人员自身工作不严谨，导致幼儿在园时多服、少服或误服药物。

预防幼儿用药不明的措施如下。

（1）完善托幼园所的用药安全管理制度并严格落实，确保幼儿用药安全。

（2）家长须严格按照托幼园所的用药安全管理制度，写清楚用药时间、次数、剂量等信息，清晰填写用药单，避免引发误服事故。

（3）经保健医生同意，家长方可把药物及用药单一起交给保教人员，保教人员要妥善保管药物，按时按量给幼儿服用，做好服用观察。切不可让其他幼儿误服。

（4）保教人员须严格按照托幼园所规定的幼儿用药要求，不得私自与家长进行幼儿用药的交涉。

（5）保教人员应全天对服药幼儿进行密切观察，离园时向家长详细说明情况。

5. 偶发性伤害事故

在幼儿集中入园时段，常常出现因家长着急送幼儿入园，或者有些家长拉着保教人员进行长时间的交流，导致保教人员无法关注全体幼儿，而引发人与人、人与物碰撞或磕绊等的突发状况，从而导致幼儿受伤。

此外，保教人员因个人身体、情绪等原因，在晨检时过于着急，手忙脚乱，这些都容易引发偶发性伤害事故。

预防偶发性伤害事故的措施如下。

（1）完善托幼园所的入园安全须知，对保教人员、家长在入园时段的安全职责进行公示，如排队晨检，不拥挤等，明确各自的安全义务。

（2）保教人员合理分工，明确责任、站位与工作要点，有序组织幼儿入园晨检，共同管理和看护幼儿。

（3）提醒家长须与保教人员做好交接后方可离园。

学习检测

【实训检测】

1. 根据入园工作操作表，教师组织学生分组模拟入园环节的工作流程，排除入园中的安全隐患，对3～6岁的幼儿进行安全照护。

小组成员信息及分工情况

小组成员	姓名	学号	任务分工
组长			
组员			

2. 教师选择以下问题情境，学生说出解决方法并模拟实施。

（1）甜甜感冒、流涕，家长带药来园委托用药。

（2）保教人员在清点人数时，发现晶晶没有到班。

【实训评价】

1. 能按照入园环节的工作内容及操作要求，做到入园安全照护。

2. 在模拟进行安全照护时，应符合实际工作场景，方法清晰，无知识性错误，模拟过程规范，可行性较强。

【知识检测】

根据所学知识，完成以下内容。

入园环节中可能存在的安全隐患及防护措施

入园环节中可能存在的安全隐患	防护措施

二、离园

（一）离园环节的基本概述

离园是幼儿在园一日活动的最后一个环节，也是教育过程中不可忽视的重要环节。它不仅关乎着幼儿在园一日活动整体状况的展示，还是家长了解托幼园所的一扇窗口。离园活动开展得好，可以使幼儿的在园一日活动有一个圆满的结局。因此，如何让幼儿自主、有序、安全地开展离园活动，为幼儿愉快的一日活动画上圆满的句号，是每一名保教人员都需要关注的问题。

离园环节包括三项内容：离园前准备、离园中交接、离园后整理。

（二）离园环节的工作内容及操作要求

离园环节的工作内容及操作要求如表 2-12 所示。

表 2-12　离园环节的工作内容及操作要求

工作流程	具体内容	操作要求
离园前准备	1. 幼儿生活自理方面的提示和检查。 2. 组织安静、有趣的室内活动。 3. 保证教室的干净和整洁	1. 保教人员要提示和指导幼儿清洁仪表、整理衣裤、系好鞋带，查看幼儿脸上是否留下脏污的痕迹，头发是否凌乱，穿戴是否整齐。对于年龄较小或生活自理能力较弱的幼儿，保教人员还要检查其是否有尿湿、汗湿等情况。如有，则应及时为幼儿更换洁净的衣物。 2. 在幼儿等待离园时，保教人员应组织一些适合在室内开展的、活动量较小的、安静和有趣的活动，让活动牢牢吸引幼儿的注意力。这样可大大减少因幼儿情绪兴奋带来的安全隐患，使离园活动更加安全有序

工作流程	具体内容	操作要求
离园中交接	1. 随时清点幼儿人数。 2. 准确识别家长。 3. 妥善处理代接问题。 4. 认真交接幼儿的物品。 5. 与家长交流重点问题。 6. 对于稍晚离园的幼儿，须有一名保教人员陪同，不可单独留其在某一区域玩耍	1. 在幼儿离园时，应由一名保教人员组织幼儿排队，另一名保教人员站在班级门口处，一边接待家长，一边关注幼儿的活动情况。每接走一名幼儿，保教人员都要做好记录并随时清点幼儿人数。在幼儿全部离园后，保教人员应再次检查班级中的每个角落，以防遗漏。如有稍晚离园的幼儿，则保教人员须陪同幼儿直到其家长来接。 2. 在幼儿离园时，保教人员要准确识别家长，亲自将每个幼儿交到家长手里，确保交接安全。 3. 若出现代接的情况，可请代接人耐心等候，等到其他幼儿离园，由保教人员向幼儿父母确认后再允许其接走幼儿。 4. 保教人员要细心与家长交接幼儿的物品，如衣物、药物、通知材料等，出现特殊情况应及时告知。 5. 在幼儿离园时，保教人员应使用简短的语言与家长进行重点交流，包括幼儿的身体、情绪变化，入园时家长交代的问题，幼儿的意外伤害，幼儿进食、饮水、如厕的异常情况等
离园后整理	1. 整理幼儿活动区域。 2. 整理玩具柜及桌椅。 3. 清洁与消毒幼儿活动区域。 4. 准备次日生活用品。 5. 准备幼儿的活动材料	1. 检查活动区域，查看在幼儿今日活动时是否有损坏、缺失的情况，并及时修补。 2. 根据班级使用需要将玩具柜、桌椅归位，并将教具摆放整齐。 3. 对幼儿的活动室、盥洗室、卫生间进行清洁与消毒，检查生活用品数量，并及时补齐。 4. 按照教育计划中的内容，将次日开展晨间活动、教学活动、游戏活动、户外活动、生活活动所需要的材料准备好

（三）离园环节中可能存在的安全隐患及防护措施

1. 偶发性伤害事故，如磕、撞、碰伤等

临近离园，磕、撞、碰伤等偶发性伤害事故频发，主要原因有以下两点：一是保教人员与家长交接不到位，出现安全漏洞；二是有些家长拉着保教人员进行长时间的交流，导致保教人员无法关注全体幼儿，而引发人与人、人与物碰撞或磕绊等突发状况，从而导致幼儿受伤。

预防偶发性伤害事故的措施如下。

（1）完善托幼园所的离园安全管理制度，规范保教人员的行为，明确保教人员的职责，使其严格执行托幼园所的接送制度，有序组织离园，以防出现推挤、拥堵状况。

（2）提醒家长配合托幼园所做好安全防护工作，认真遵守托幼园所的开放时间，必须在托幼园所规定的离园时间带幼儿离园，协助保教人员让幼儿遵守离园时段的常规要求。在没有保教人员照护的情况下，不让幼儿单独玩耍户外大型器材，避免出现安全事故。

（3）临近离园，活动设计不宜活动量过大，建议以相对安静的活动为主，如玩桌面游戏、读绘本故事、唱手指谣和韵律儿歌等。

（4）家长接走幼儿后，保教人员要检查活动室、盥洗室及休息室等，确保没有幼儿滞留后方可锁门离开。

2. 离园时幼儿被冒领

离园时幼儿被冒领的情况很多：一些托幼园所的门卫管理不严，给外来人员带来浑水摸鱼的可乘之机；一些托幼园所只认接送卡不认人，外来人员可能拿着捡到或偷来的接送卡冒领幼儿；还有一些别有用心的亲戚或熟人骗领孩子等。

预防离园时幼儿被冒领的措施如下。

（1）保教人员、家长须严格执行托幼园所的离园安全管理制度，确保幼儿安全离园。

（2）保教人员须严格执行离园环节的操作要求，禁止幼儿自己离班、离园。在陌生人来接幼儿时，要先与家长（父母）取得联系，得到家长的同意，并请陌生人在交接记录本上书面签字后，方可把幼儿交给陌生人。

（3）加强门卫管理，增强保安人员的责任心，严防幼儿被冒领。在家长来接幼儿时，保安人员必须站在门口把关，坚决不允许幼儿自行走出大门。拒绝无接送卡的人员进入，对陌生人要严加查问。

（4）一旦发现幼儿被冒领、丢失，则应立即向园所领导汇报，第一时间告知家长，并请警方协助寻找。

3. 其他危险举措

在离园前，幼儿可能拿出书包内的危险玩具进行分享或使用教室内的教具进行危险游戏。对此，防护措施如下。

（1）在进行离园前准备时，保教人员应仔细检查幼儿是否携带危险物品。

（2）在离园时，保教人员应组织集体活动，如唱儿歌、讲故事、画画等，让幼儿参与到活动中，避免幼儿自行玩危险游戏。

（3）定期组织保教人员开展入离园安全教育，提高保教人员在入离园环节中排除安全隐患的能力。

学习检测

【实训检测】

1. 根据离园工作操作表，教师组织学生分组模拟离园环节的工作流程，排除离园中的安全隐患，对3～6岁的幼儿进行安全照护。

小组成员信息及分工情况

小组成员	姓名	学号	任务分工
组长			
组员			

2. 教师选择以下问题情境，学生说出解决方法并模拟实施。

（1）离园时，保教人员发现今天来接莉莉的是一位陌生女子，平时都是奶奶来接莉莉。

（2）琦琦离园时，不小心被撞伤。

【实训评价】

1. 能按照离园环节的工作内容及操作要求，做到离园安全照护。

2. 在模拟进行安全照护时，应符合实际工作场景，方法清晰，无知识性错误，模拟过程规范，可行性较强。

【知识检测】

根据所学知识，完成以下内容。

离园环节中可能存在的安全隐患及防护措施

离园环节中可能存在的安全隐患	防护措施

场景二：生活常规

【情景导入】

情景：一天中午，班级里的大部分幼儿都睡着了，只有豆豆没有睡。这时，美美的家长打电话来说要接走美美，值班教师走到豆豆面前说："我送美美小朋友下去，你乖乖睡觉。"豆豆答应了。值班教师把美美送下去并和家长聊了一会儿，待回班后，发现豆豆的头部红肿。问其原因，原来是他在床上玩耍，不小心摔伤的。值班教师赶忙帮豆豆揉了揉，并安慰他睡了觉。下午家长来接孩子时，看到豆豆的伤情非常生气，要求园所领导严肃处理。

思考：遇到这样的情况有更好的处理方法吗？

【学习目标】

1．熟悉3～6岁幼儿生活常规的工作内容及操作要求。

2．能分析、判断生活常规中存在安全隐患的原因，可以运用生活常规的防护措施对3～6岁的幼儿进行安全照护。

【学习积累】

一、生活常规的基本概述

生活常规贯穿于幼儿在园的一日活动，是根据托幼园所的生活环境制定的活动规则。幼儿应该形成的生活常规包括：遵守作息时间，有良好的进食习惯、睡眠习惯、卫生习惯，有良好的坐姿、站姿、走姿，有良好的物品收放习惯等。良好的生活常规是开展活动的前提，也是幼儿在园活动安全的重要保障。

生活常规包括饮水、如厕、洗手、进食、午睡等环节的常规。

二、生活常规的工作内容及操作要求

生活常规的工作内容及操作要求如表 2-13 所示。

表 2-13　生活常规的工作内容及操作要求

工作环节	具体内容	操作要求
饮水	1. 饮用水干净卫生、温度适宜（以 40～50℃为宜），保证饮水量。 2. 每个幼儿一人一杯，将水杯放在固定位置，确保无灰尘掉落。组织幼儿按照固定路线及正确方法取杯、取水、饮水、放杯。 3. 饮水区域的地面保持干爽	1. 定期对烧水设备清洁、消毒并做记录。若使用直饮机饮水，则须设置温度及出水量；若使用其他方式饮水，则须提前晾水，在手腕内侧测试水温。 2. 在水杯及固定位置上张贴幼儿的姓名或标签，规划合理的饮水路线。 3. 一名保教人员站在取杯区域，监督幼儿正确拿取、放置水杯；另一名保教人员站在取水区域，组织幼儿排队，安排每个幼儿之间保持一定的距离，并协助幼儿取水。 4. 幼儿的每日饮水量为 800～1000mL，应在上午和下午分别饮水 3～4 次，每次饮水量为 100～150mL，并且根据季节变化酌情调整饮水量。如果天气炎热，或者活动量过大，出汗较多，则可适当增加每日饮水量。一名保教人员站在饮水区域，监督幼儿站定或坐定后饮水。 5. 必须时刻保持地面干爽，若有水洒出则须立即清理
如厕、洗手	1. 保持卫生间通风、无异味，地面干爽、无水渍，物品准备充足。 2. 集体如厕时须对幼儿进行分组，自由如厕时幼儿进入卫生间必须由保教人员陪同。 3. 协助幼儿完成如厕，观察幼儿的尿液、大便是否正常并及时记录。 4. 使用七步洗手法协助幼儿洗手	1. 为幼儿准备敞开式、清洁卫生、安全便捷、符合幼儿特点的如厕设备，周围最好有扶手，台阶不能过高。 2. 准备肥皂、擦手毛巾、便纸等，将所有物品摆放在固定位置，以便取用。 3. 多名幼儿如厕须分组进行，每次如厕的人数以设备数量为准。第一组先上厕所，上完厕所洗手时，第二组接着上厕所，保教人员负责维持秩序。 4. 保教人员协助幼儿脱/穿裤子、卷裤脚等，确认幼儿的裤子穿好后再让其离开。 5. 对于较小的幼儿，大便后由保教人员为其擦屁股。擦拭动作要轻柔，从前往后擦，让幼儿扶住保教人员的腿，手不要触地。对于有肛裂、出血、肛门疼痛的幼儿，在大便后，保教人员要用温水为其清洗一下肛门。 6. 注意观察幼儿的大小便情况，如有异常要及时记录并向园所领导汇报。异常情况包括尿血、便血、大小便痛或便秘、腹泻、尿频等。 7. 利用儿歌、图片等方式让幼儿使用七步洗手法洗手，洗完手后及时提醒幼儿擦干。 8. 保教人员要职责到人，在幼儿如厕、洗手的过程中不能随意离开，必须等到最后一个幼儿结束后才能离开。同时，要注意地面保持干爽，以防幼儿滑倒。结束后，保教人员负责清理卫生间，清洗、消毒，摆放整齐各类物品

工作环节	具体内容	操作要求
进食	1. 提前 30 分钟消毒餐具、餐前准备桌，准备物品。 2. 在进食前 20 分钟，让幼儿进入安静平和的状态，并且分批次组织幼儿洗手。 3. 合理分发饭菜，确保饭菜的温度适宜。 4. 在幼儿进食时，保教人员要在固定位置，不可随意走动或大声讨论，随时观察幼儿的进食情况，必要时可介入。 5. 餐后协助幼儿擦嘴、漱口。等全部幼儿进食结束后，组织幼儿散步，注意不要让幼儿做剧烈运动或过度兴奋	1. 在进食前 30 分钟开始做餐前准备，首先准备消毒液，将餐具、餐前准备桌（原则上不允许在玩具柜、茶杯箱上摆放饭菜）擦好备用，然后检查餐巾、餐盘是否摆好，最后整齐地摆放桌子，以便幼儿进食。 2. 一名保教人员负责维持纪律，安排幼儿安静地在活动室等待，在此期间可以为幼儿播放音乐、故事等，避免幼儿过度兴奋或出汗；另一名保教人员分组带领幼儿排队洗手，并将其送到取餐位置。 3. 不可提前将饭菜盛出，必须来一个幼儿盛一份饭菜。对于较小的幼儿，可协助将其饭菜放在座位上。较大的幼儿已具备一定的生活自理能力，可自己取餐，保教人员须监督其按照规定路线走到座位上。 4. 在幼儿进食时，保教人员需要观察幼儿的坐姿是否正确、餐食摄入类别是否均衡、进食进度是否合适，若发现特殊情况可到幼儿身旁进行引导，在幼儿吃完离开座位后要确保其口中无食物。 5. 幼儿餐后散步须慢走，不可做跑、跳、蹦等剧烈运动。保教人员应用轻柔平和的语气与幼儿交谈，不可播放过于欢快的音乐，以免幼儿过度兴奋
午睡	1. 午睡的场所应保证空气流通、温度适宜、床距宽松、安静无噪声，并有保暖设备。 2. 幼儿每人一床、一被、一枕，确保其采取合理的入睡姿势，并进行入睡检查。 3. 幼儿入睡后，值班人员须每隔一段时间巡视一次，观察幼儿的入睡情况，不做无关的事，不得离岗。 4. 幼儿起床后，观察幼儿及其床铺是否有异常，确保幼儿穿戴整齐	1. 提前做好午睡准备，调好室温、拉好窗帘，离卫生间较远的班级或班内幼儿较小时，卧室中要准备 2～3 个痰盂。 2. 为幼儿安排合适的睡床、被褥、枕头。睡通铺的托幼园所，可以让幼儿头对脚、脚对头分隔睡觉；睡高低床的托幼园所，要检查床楼梯是否牢固、床沿是否安全。注意吊扇下不能摆放高低床。靠窗的床头注意安装栏杆，防止幼儿坠落；靠墙的床附近不能有电源插座或开关。 3. 幼儿午睡时，须脱去外衣。保教人员应提前协助幼儿脱去外衣，不可让幼儿站在床上穿脱衣物。脱掉外衣后，须协助幼儿将其放在固定位置。女生的头饰须摘下，并放在固定位置。入睡前，检查幼儿是否携带其他物品上床。 4. 幼儿入睡后，值班人员须间隔 15～20 分钟巡视一次，观察幼儿的睡姿是否正确、体温是否适宜，并做好巡视记录。对于睡眠中幼儿发生的异常情况，如发热、哮喘、剧烈咳嗽、流鼻血、腹痛、腹泻、呕吐等，要迅速通知保健医生，并请另一名保教人员协助处理。 5. 幼儿起床后，要观察幼儿的精神、情绪、面色等是否正常，检查幼儿是否穿戴整齐。待幼儿全部下床后，再检查一下床上是否有异常，如尿床、流鼻血的痕迹等，并组织幼儿上厕所、洗漱

三、生活常规中可能存在的安全隐患及防护措施

（一）推挤、打闹导致摔伤、磕伤

卫生间的空间较为狭小，幼儿需要轮流使用。如果保教人员组织不当，就容易引发幼儿推挤、打闹，进而导致幼儿摔伤、磕伤。

预防推挤、打闹导致摔伤、磕伤的措施如下。

（1）洗手时，根据水龙头的数量采取分组的方式进行，确保卫生间内不拥挤。

（2）在水池前的地面上画好标记控制线，提示幼儿在等候时不要越线。

（3）随时提醒幼儿不争抢、不打闹、不玩水。

（4）组织幼儿如厕、洗手时，保教人员要站在交界处，这样既能看到洗手的幼儿，也能看到如厕的幼儿，做到"放手不放眼，放眼不放心"。

（5）在集体活动中做好饮水安全教育、如厕安全教育、洗手安全教育，锻炼幼儿的自我保护能力，使其建立自我保护意识。

（二）烫伤

饮水、洗手、进食时若没有提前调控，水温过高，就有可能导致幼儿被烫伤。

预防烫伤的措施如下。

（1）为幼儿准备饮用水的环节应安排在幼儿入园前或班内集体活动时。将饮用的开水打回班后，应放在幼儿接触不到的地方，并在幼儿饮水前将水温降至合适的温度。

（2）每天早上注意检查并调整洗手池内热水的温度，以免在洗手的过程中烫伤幼儿。

（3）取回盛放热饭菜的餐盆后，要将其放到安全地点，以免烫伤幼儿；饭菜进班后，要检查饭菜的温度是否适宜；在为幼儿添饭添菜时，禁止从幼儿身体上方传递。

（4）在集体活动中做好进食安全教育。

（三）地面湿滑引发滑倒

有些幼儿喜欢一边洗手一边玩水，这样会把水溅到地上，容易导致其他幼儿滑倒，严重些还会导致骨裂。另外，在饮水时不小心将水洒出，也有可能导致滑倒。

预防地面湿滑引发滑倒的措施如下。

（1）随时提醒幼儿饮水、洗手时不打闹、不跑动。

（2）活动室、卫生间等是幼儿的主要活动场所，要保持地面干爽，在幼儿进班前提前打扫，擦干地面，以免幼儿滑倒摔伤。

（3）在卫生间的地面上铺设防滑的镂空地垫，避免幼儿滑倒。

（4）帮助幼儿将水龙头的出水量调至适当程度并及时擦地，时刻保持卫生间的地面干爽。

（四）饮水、如厕、洗手时的其他安全隐患

在饮水、如厕、洗手时，保教人员还需注意摆放好洗涤物品和消毒物品。同时，要注意幼儿饮水、洗手时不要打湿衣物。

预防饮水、如厕、洗手时的其他安全隐患的措施如下。

（1）及时关注幼儿的衣物，发现衣物被打湿要立即为其更换，避免幼儿受凉。

（2）每天对水杯、手帕等幼儿生活用品进行消毒，保证干净卫生，避免幼儿由于卫生问题出现肠胃疾病。

（3）妥善保管洗涤物品和消毒物品，将其放在幼儿无法拿取的地方，避免幼儿误食。

（五）因餐具使用不当造成划伤、戳伤

在进食的过程中，幼儿可能将餐具当成玩具比画，进而被餐具划伤、戳伤，如戳伤眼睛、食道等。

预防因餐具使用不当造成划伤、戳伤的措施如下。

（1）在日常集体活动中协助幼儿养成良好的进食习惯，引导幼儿正确使用餐具。

（2）在进食的过程中，保教人员须时刻关注幼儿的进食情况，监督幼儿不玩餐具，不将勺、筷子放于口中玩耍。

（3）在进食的过程中，保教人员要及时阻止幼儿嬉戏打闹，以免发生误伤。

（六）食物过敏或中毒

在托幼园所，幼儿食物过敏或中毒事件时有发生，夏秋季多发细菌性和有毒动植物食

物中毒，冬春季多发肉毒中毒和亚硝酸盐中毒。针对不同中毒的高发季节，保教人员应提高警惕，进行针对性防范。对于特殊体质的幼儿，一定要多加留意，避免因疏忽导致安全事故的发生。

预防食物过敏或中毒的措施如下。

（1）托幼园所须认真贯彻和执行《中华人民共和国食品安全法》，加强对教职工卫生法律、卫生知识、卫生操作技能的培训和指导，强化卫生管理意识，规范操作程序，杜绝食物中毒事件的发生，确保饮食卫生安全。

（2）保教人员在取餐时须提前检查幼儿的食物有无变质。

（3）关注特殊体质的幼儿，将易过敏幼儿的名单、易过敏食物表张贴在班内，进食前对照调整。

（七）异物卡喉或扎伤喉咙

幼儿吃饭时容易出现异物卡喉的情况。在进食的过程中，幼儿受到逗引、恐吓，或者哭闹、兴奋等，都容易误将食物吸入气管，引发窒息。另外，在吃排骨、鱼时，骨头渣、鱼刺容易扎伤喉咙。进食结束后，若幼儿未将口中食物咽下，一直含在嘴里，则在午睡时容易引发窒息。

预防异物卡喉或扎伤喉咙的措施如下。

（1）餐前、餐后半小时不组织易兴奋、活动量大的剧烈活动，进食前及进食过程中播放舒缓、轻柔的音乐，帮助幼儿安静下来，保持愉悦的情绪，餐中不催饭。

（2）在进食的过程中，如果有幼儿哭闹，则应先让其停止进食，安抚哭闹的幼儿，直至其情绪平稳后再让他继续进食。

（3）给幼儿吃的排骨、鱼须经高压锅焖煮，食用前保教人员要帮助幼儿把肉里的骨头、鱼刺剔除，并提醒幼儿小心。

（4）进食结束后，保教人员要引导并检查，让每个幼儿将口中的最后一口饭菜咽下，避免因含食导致午睡窒息或在餐后活动时出现呛食。

（八）进食过慢或过快引发肚子疼痛

进食速度较慢，餐食冷却，容易导致体弱的幼儿拉肚子；进食速度较快，肠胃负担过重，容易引发幼儿肚子疼痛。

预防进食过慢或过快引发肚子疼痛的措施如下。

（1）严格按照盛餐要求，随盛随吃，不能提前盛出。

（2）在进食时随时提醒幼儿细嚼慢咽，控制速度。

（3）在教学活动或其他日常活动中对幼儿进行进食礼仪教育。

（九）午睡时携带危险物品或打闹引发伤害

幼儿携带危险物品上床，容易导致一系列安全问题。另外，在午睡时打闹，也会有坠床、磕碰的危险。

预防午睡时携带危险物品或打闹引发伤害的措施如下。

（1）午睡前，检查幼儿身上是否携带小刀、纽扣等危险物品，排除安全隐患，以免引发安全事故。

（2）做好午睡巡检工作，注意观察幼儿在午睡期间是否有缠绕或撕拉被线的情况，若发现应及时制止。

（3）保教人员要牢记午睡安全照护的要求，在入睡前进行全面的检查并协助幼儿穿脱衣物。

（4）及时阻止幼儿在床上做一些危险动作，时刻提醒幼儿不得站在床上打闹、穿衣、叠被等。

（5）可以在午睡室的地上铺上比较软的地毯或泡沫垫等，这样即便幼儿从床上掉下来，也不会出现严重的损伤。

（6）在集体活动中做好午睡安全教育。

学习检测

【实训检测】

1. 教师组织学生分组模拟生活常规各个环节的工作流程，排除生活常规中的安全隐患，对 3～6 岁的幼儿进行安全照护。

2. 模拟情境并录制视频交给教师，视频内容要兼具科学性、知识性和趣味性，时长不超过 10 分钟。

小组成员信息及分工情况

小组成员	姓名	学号	任务分工
组长			
组员			

【实训评价】

1. 能按照生活常规的工作内容及操作要求，做到安全照护，达到规范要求，无安全隐患。

2. 在模拟进行安全照护时，应符合实际工作场景，方法清晰，无知识性错误，模拟过程规范，可行性较强。

【知识检测】

根据所学知识，完成以下内容。

生活常规中可能存在的安全隐患及防护措施

生活常规中可能存在的安全隐患	防护措施

场景三：集体活动

【情景导入】

情景：今天，大班上午的第一节集体活动是由小朋友分享国庆长假都发生了哪些好玩的事情，主讲教师让幼儿按照 5×6 的人数排列方式自由坐好后开始分享。豆豆和毛毛是两个都很好动且很有想法的男孩，两人的各项发展水平相当，所以平日里关系不错，偶尔有争吵打闹，但也很快就和好了。在自由选择时，两人坐在倒数第二排。刚开始分享，两人就说起了小话，配课教师三番五次进行提醒。课上到一半，突然听到豆豆的哭声，配课教师赶紧上前询问，发现豆豆的手臂上青紫了一块。了解后才知道，原来两人发生了争执，毛毛气急掐了豆豆。之后，配课教师带着豆豆去找保健医生处理。放学后，豆豆妈妈听说了此事十分生气，与毛毛妈妈发生了争执，两位家长不满教师的处理方式，要求退园。

思考：是什么原因导致这起事故的发生？应该怎样规避呢？

【学习目标】

1. 熟悉 3～6 岁幼儿集体活动的工作内容及操作要求。

2. 能分析、判断集体活动中存在安全隐患的原因，可以运用集体活动的防护措施对 3～6 岁的幼儿进行安全照护。

【学习积累】

一、集体活动的基本概述

集体活动是指在固定的场所和时间，围绕一定的话题或目标，由教师利用教育工具、现实材料、教育技术手段等开展学习活动，满足幼儿个体发展及群体需要的一种教育教学活动。

二、集体活动的工作内容及操作要求

集体活动的工作内容及操作要求如表 2-14 所示。

表 2-14　集体活动的工作内容及操作要求

工作内容	操作要求	工作内容	操作要求
场所	宽敞、明亮、整洁、干净	教师配比及站位	2～3 人，主讲教师位于幼儿正前方，当只有一名配课教师时，就位于幼儿正后方，当有两名配课教师时，就位于幼儿后方两侧
幼儿人数	小班（3～4 岁）25 人，中班（4～5 岁）30 人，大班（5～6 岁）35 人	幼儿座位编排	按幼儿的身高、个性特点、平时表现、情感关系等进行座位编排，采用 V 字形或 U 字形，以便教师观察和管理
教学设备	桌椅牢固、表面光滑无刺；一体机、投影机、黑板等稳定，不晃动	活动材料	干净卫生、数量充足、安全可操作、教师示范规范
教师职责	1. 主讲教师：把控活动时长，利用教学方法组织有趣的活动，吸引幼儿的注意力。 2. 配课教师：观察幼儿的上课情况，及时提醒幼儿保持专注，协助主讲教师完成活动内容。配课教师可短暂离开，但若配课教师长时间不在，则应根据情况暂停活动	突发情况	若活动中出现幼儿须如厕的情况，则配课教师可带领幼儿去卫生间；若活动中出现安全事故，则应根据事情的轻重判断。情况较轻时，可由配课教师带领幼儿前往保健医生处，其他教师继续组织活动；若需要主讲教师处理，则应中断活动，由配课教师组织幼儿阅读或开展简单的活动，并注意避免幼儿骚动，再次引发安全事故

三、集体活动中可能存在的安全隐患及防护措施

（一）活动管理不当、秩序混乱引发安全事故

因活动管理不当、秩序混乱引发的安全事故包括以下几项。

（1）幼儿在搬椅子时将椅子举过头顶，抓握不当容易伤及同伴和自己。

（2）开展活动时幼儿紧挨着坐，如果有幼儿左右晃动椅子或把手放在椅边，就容易挤伤手指。

（3）幼儿坐在椅子上乱动，造成摔伤。

（4）排列座位时，幼儿争抢位置，容易挤伤小手或摔倒磕伤。

（5）秩序混乱，活动场地狭小，易发生摔倒致伤事故。

（6）幼儿离开视线范围，如独自如厕或走出班级，造成安全事故。

预防活动管理不当、秩序混乱引发安全事故的措施如下。

（1）完善托幼园所的集体活动安全管理制度，确保教师熟知集体活动中存在的安全隐患。

（2）不定期开展有关集体活动中存在的安全隐患的交流活动，增强教师的安全防护意识。

（3）日常加强对幼儿的集体活动安全教育，培养幼儿的自我保护能力、安全应变能力，帮助幼儿树立互帮互助的集体观念。

（4）创造良好的活动环境，确保桌子、椅子、柜子等无安全隐患。

（5）在集体活动中，要时刻关注幼儿，若发现幼儿做出存在安全隐患的行为则应及时制止，保障幼儿的安全。

（6）主讲教师须不断提高自身的教学活动组织能力，提前备好课，准备好材料，充分考虑活动中存在的安全隐患，做好应对的准备，学会处理突发情况。

（二）幼儿之间发生争抢，以致抓伤、咬伤

在集体活动中，由于活动材料不均或座位问题等，可能导致幼儿之间发生争抢，以致抓伤、咬伤。

预防幼儿之间发生争抢，以致抓伤、咬伤的措施如下。

（1）教师须熟知每个幼儿的情况，根据活动内容调整幼儿的座次。

（2）若配课教师在活动中发现幼儿之间发生了冲突，则应及时制止，可为发生冲突的幼儿调整座位。

（3）活动材料须准备充足，摆放位置合理，避免争抢事件的发生。

（三）幼儿在活动中途自己如厕，在卫生间滑倒摔伤

3～6岁的幼儿如厕基本上可自行完成，但仍不能放松警惕，尽量避免让幼儿单独去卫生间，以防幼儿在卫生间滑倒摔伤。

预防幼儿在活动中途自己如厕，在卫生间滑倒摔伤的措施如下。

（1）在集体活动开始前，需要组织幼儿分组进行如厕，减少活动过程中幼儿的如厕次数。

（2）牢记系列事故的后果，严格按照一日活动安全照护的工作内容及操作要求执行，幼儿如厕必须有人陪同。

（3）日常加强对幼儿的如厕安全教育，培养幼儿的自我保护能力，增强幼儿在卫生间的安全意识。

学习检测

【实训检测】

1. 教师组织学生观看集体活动小片段，分析集体活动中可能存在的安全隐患，分组模拟实施安全照护。

小组成员信息及分工情况

小组成员	姓名	学号	任务分工
组长			
组员			

2. 教师选择以下问题情境，学生说出解决方法并模拟实施。

（1）在艺术活动中，两名幼儿拿着水彩笔相互画对方的画纸，如何处理？

（2）在集体活动中，晶晶不小心划伤了手臂，如何处理？

【实训评价】

1. 能按照集体活动的工作内容及操作要求，做到安全照护，达到规范要求，无安全隐患。

2. 在模拟进行安全照护时，应符合实际工作场景，方法清晰，无知识性错误，模拟过程规范，可行性较强。

【知识检测】

根据所学知识，完成以下内容。

集体活动中可能存在的安全隐患及防护措施

集体活动中可能存在的安全隐患	防护措施

场景四：区域活动

【情景导入】

情景：中班下学期开始了，教师根据幼儿的成长需要在教室的不同区域投放了新的游戏材料，每种材料只有1～2份。区域活动开始，孩子们分散进入自己喜欢的区域，教师指导幼儿进行深入游戏。不久，音乐区传来争抢的声音，原来是齐齐和可可在抢乐器，教师立马赶过去进行引导。没过一会儿，益智区又传来哭声，原来是美美抢了豆豆的拼图，教师安慰豆豆，让美美到一旁观察。整场区域活动不停有"事故"发生，耳边此起彼伏的都是小朋友的告状声，总是打断教师对幼儿的游戏指导，教师心力交瘁忙于应付各种情况。

思考：是什么原因导致这一现象的发生？

【学习目标】

1．熟悉3～6岁幼儿区域活动的工作内容及操作要求。

2．能分析、判断区域活动中存在安全隐患的原因，可以运用区域活动的防护措施对3～6岁的幼儿进行安全照护。

【学习积累】

一、区域活动的基本概述

区域活动，也称区域游戏，是利用活动室、睡眠室、走廊及室外场地来设置各种区域，依据教育目标、幼儿兴趣和发展需要，以及主题活动的发展进程，在各个区域投放相应的材料，让幼儿根据自己的兴趣和意愿选择活动内容及活动方式的小组化、个体化教育活动的一种形式。

二、区域活动的工作内容及操作要求

区域活动的工作内容及操作要求如表 2-15 所示。

表 2-15　区域活动的工作内容及操作要求

工作内容	操作要求	工作内容	操作要求
班级区域配置	1. 小班活动区：图书区、建构区、角色区、美工区、益智区等。 2. 中班活动区：图书区、建构区、角色区、美工区、科学区、表演区、社会体验区（理发店、医院）等。 3. 大班活动区：图书区、建构区、角色区、美工区、科学区、表演区、社会体验区（超市、银行）等	常见活动材料	1. 图书区：书架的高度合适，便于幼儿自己取放。教师须提醒幼儿一次只取一本书。 2. 建构区：应放置实心积木、泡沫积木等。 3. 角色区：教师要教会幼儿正确使用餐具、刀具等。 4. 美工区：选择安全的剪刀，剪刀头不要太尖。教师要教会幼儿正确使用和取放剪刀。 5. 表演区：挂表演服饰的衣架高度适当，避免幼儿站立不稳碰到衣架挂钩而受伤。头饰和服饰的尺寸要便于幼儿穿戴。 6. 社会体验区：不可有破损、生锈、尖锐的器具。 7. 科学区、益智区：严禁摆放有毒有害的植物。 注意事项： （1）投放材料时，如木工区的钉子、锤子等需要在符合幼儿操作能力的基础上进行投放，引导幼儿学习和掌握安全使用的方法。 （2）所有物品在使用前要先清洗，等晾干后再使用。 （3）定期检查各个区域的材料，及时更换破损材料，确保材料充足
区域人数	一般区域的人数为 6～8 人，可以根据自己班的具体人数来设置区域个数。 例如，角色区——同一类型的玩具，中大班按生均 6:1 配备，小班按生均 4:1 配备；科学区——声光电磁等科学玩具和操作材料按生均 4:1 配备		
区域布局	1. 所有活动区都要设置在教师可以看到的地方，便于教师指导和观察。 2. 区域之间要有一定的活动空间，避免过度拥挤造成碰撞。 3. 定期对各个区域进行消毒、清洁。 4. 将动静区域分开，图书区、美工区、科学区等区域应安排在光线充足的地方	教师配比及站位	1. 开展区域活动时，班级教师须全部到位，每位教师负责 2～3 个区域。 2. 教师须位于可兼顾自己所负责区域的位置指导游戏。 3. 若当前区域的幼儿需要如厕或发生安全事故，则应在告知其他教师后进行处理，另一名教师迅速站于可兼顾所有区域的位置进行照护，必要时可中止区域活动
教师职责	1. 指导并照护所负责区域的幼儿，记录区域中幼儿的姓名及游戏情况。 2. 确保每个幼儿在区域内进行游戏，避免幼儿游荡。 3. 区域活动开始前，教师须讲清区域活动规则，教育幼儿不得将纽扣、种子、珠子等材料放入嘴巴、耳朵、鼻子里		

三、区域活动中可能存在的安全隐患及防护措施

（一）活动区域布局不合理、幼儿随意换区导致区域人数增加，引发安全事故

各个区域布局不合理，分隔物不牢固，未留有足够的安全通道，或者幼儿随意换区，就容易引发争执，导致摔伤、磕伤等事故。

预防活动区域布局不合理、幼儿随意换区导致区域人数增加，引发安全事故的措施如下。

（1）定期组织人员培训、区域活动观摩评比、专题研讨、实践探究等活动，提高教师在区域活动中排除安全隐患的能力。

（2）科学合理地设置区域，将安静和喧闹的自主游戏区域分开，做到分布均匀、结构合理，同时注意排除安全隐患。

（3）建立班级区域活动常规，并引导幼儿遵守规则，有序开展活动。

（4）在区域活动中，幼儿之间容易起争执，必要时教师应及时介入，心平气和、公正合理地化解幼儿之间的矛盾，避免安全事故的发生。

（5）在进区前，教师应做好区域分界标识，树立幼儿的规则意识，明确换区规则。在活动中，当本区域内的幼儿出区时，应及时引导幼儿回到自己的区域；当本区域内出现其他区域的幼儿时，应与该区域的负责教师确认情况，避免在幼儿换区时出现教师视线空白区。

（6）加强对幼儿的文明礼仪教育。在自主游戏活动中，引导幼儿使用礼貌用语，降低幼儿之间发生冲突的可能性。

（二）因活动材料问题导致的安全隐患

这类问题主要体现在以下几个方面：活动材料中存在尖角；活动材料易于拆卸；活动材料的数量不够，造成争抢等。

预防因活动材料问题导致的安全隐患的措施如下。

（1）教师应具备投放材料的安全意识，严格按照区域要求进行投放。若区域内出现争

抢，则教师应及时发现并引导幼儿选择其他材料进行游戏。

（2）事先对安全隐患进行充分估计，以预防为主，提高警惕，让幼儿时刻在自己的视线范围内。

（3）通过主题教育活动，加强对幼儿的安全教育，告诫幼儿不能将活动材料放入嘴巴、耳朵、鼻子里，以免发生安全事故。

（三）活动材料使用不当造成安全隐患

幼儿未正确使用活动材料，将活动材料作为"伤害工具"攻击其他幼儿，如剪刀的操作方法不当，就会引发危险。

预防活动材料使用不当造成安全隐患的措施如下。

（1）完善托幼园所的区域活动安全管理制度，确保教师熟知区域活动中存在的安全隐患。

（2）加强对幼儿的安全教育，监督其正确使用活动材料。

（3）在进区前，教师应示范区域内活动材料的使用规则，在投放新的活动材料时，也要提前示范。在幼儿开始自主活动前，教师先在幼儿身旁观察一会儿，确保幼儿能正确使用活动材料后再站远。

（4）在美工活动中，要选择儿童专用剪刀，剪刀不要太大、太重，要适合幼儿抓握，剪刀的刀尖要呈圆形，握柄要由塑料制成，以防磨伤幼儿的小手。教师要教会幼儿正确使用剪刀。

①不能用手触摸剪刀的刀口部分。

②在传递剪刀时，应该把刀尖合拢，握住合拢的刀尖，将握柄对着他人。

③在使用剪刀时，刀尖应该朝自己的正前方，不能将剪刀拿在手上挥舞，也不能将剪刀对着他人。

④用完剪刀后，一定要将刀尖朝下，插在剪刀盒上。

学习检测

【实训检测】

1. 教师组织学生观看区域活动小片段，分析区域活动中可能存在的安全隐患，分组模拟实施安全照护。

小组成员信息及分工情况

小组成员	姓名	学号	任务分工
组长			
组员			

2. 教师选择以下问题情境，学生说出解决方法并模拟实施。

（1）在美工活动中，莉莉不小心被剪刀划伤了手指，应该怎么办？

（2）在区域活动中，豆豆使用衣架打了毛毛，致使毛毛的额头红肿，应该怎么办？

【实训评价】

1. 能按照区域活动的工作内容及操作要求，做到安全照护，达到规范要求，无安全隐患。

2. 在模拟进行安全照护时，应符合实际工作场景，方法清晰，无知识性错误，模拟过程规范，可行性较强。

【知识检测】

根据所学知识，完成以下内容。

区域活动中可能存在的安全隐患及防护措施

区域活动中可能存在的安全隐患	防护措施

场景五：户外活动

【情景导入】

情景：每天上午 9 点到 10 点是小班的户外活动时间，两名教师带着幼儿做完早操后，组织幼儿玩滑梯。教师示范正确的玩耍方式后邀请幼儿进行玩耍，没过多久一名教师被叫走，10 分钟后另一名教师叫停了游戏，独自组织幼儿回到教室。回到教室后，教师在清点人数时发现豆豆不见了，于是返回操场寻找，发现豆豆在回班途中看到了蚂蚁，一直蹲在地上看蚂蚁，教师对豆豆进行了教育。

思考：情景中的教师出现了几处错误？正确的做法应该是怎样的？

【学习目标】

1. 熟悉 3~6 岁幼儿户外活动的工作内容及操作要求。

2. 能分析、判断户外活动中存在安全隐患的原因，可以运用户外活动的防护措施对 3~6 岁的幼儿进行安全照护。

【学习积累】

一、户外活动的基本概述

户外活动是托幼园所教育教学的重要组成部分，是实现托幼园所教育目标和幼儿发展水平目标的重要渠道，对幼儿身心的全面发展有着重要的意义。幼儿正处于生长发育的关键时期，身体各器官、各系统的发育尚未成熟、完善，容易因各种自然因素的变化而影响健康。因此，开展适合幼儿生理特点的户外活动，可以提高幼儿身体的适应能力、抗病能力，从而增强幼儿的体质，促进幼儿健康成长。

二、户外活动的工作内容及操作要求

户外活动的工作内容及操作要求如表 2-16 所示。

表 2-16　户外活动的工作内容及操作要求

工作内容	操作要求	工作内容	操作要求
户外活动场地	1. 检查户外活动场地的安全,确认有无凹坑、碎石、玻璃碎片等,若有戏水池或带棱角的花坛,则要让幼儿避开。 2. 不要让幼儿接触带刺的植物或采摘果子,以免划伤。 3. 不要让幼儿搬运过重或过大的桌子、器材、玩具等,以免影响幼儿的视线而发生意外	户外集体游戏	1. 须由 2～3 名教师一起组织集体游戏,严禁 1 名教师单独组织。 2. 根据幼儿的年龄及发展特征选择合适的运动器材和场地,组织适宜的活动内容 3. 设置游戏边界,告诫幼儿在游戏时不能超出边界范围;强调游戏规则,合理安排游戏中教师的站位,以便教师的视线可涵盖所有幼儿,及时清点幼儿人数
幼儿衣着	1.幼儿户外活动的服装应以宽松、舒适、透气、吸汗,以及便于运动的棉质运动装为主。 2. 服装的样式应简单,无多余饰物,如绳、链、金属物等。 3. 鞋应轻便跟脚,最好是无鞋带的平底运动鞋。 4. 根据天气情况及幼儿的户外活动量,及时增减衣物。 5. 在活动中关注幼儿的衣物是否穿戴整齐,是否有脏污	大型玩具	1. 检查大型玩具是否潮湿、脱漆、松动,是否有裂口、翘刺、翘钉等。 2. 大型玩具必须在教师的引导和帮助下操作

三、户外活动中可能存在的安全隐患及防护措施

(一)户外活动场地、设施中存在的安全隐患

户外活动场地、设施中存在的安全隐患有很多,以下列举两项。

(1)户外活动场地的地面不平整,有碎石、玻璃碎片等危险物品。

(2)户外活动场地中摆放的设施存在安全隐患,如运动器材破损,秋千上的绳索不牢固等。

预防户外活动场地、设施中存在的安全隐患的措施如下。

(1)对于户外活动场地要定期检查,保证场地平整,无危险物品。

(2)提前检查所用的运动器材是否完好。对于运动器材要定期检修,一旦发现损坏要

及时维修或更换。

（3）对于需要维修的大型设施，应及时悬挂警告标志，提醒幼儿远离损坏的设施。

（二）游戏器械中存在的安全隐患

游戏器械中存在的安全隐患有很多，以下列举三项。

（1）玩滑梯的时候，有些幼儿为寻求刺激，喜欢尝试滑梯的多种滑法，如趴在滑梯上头朝下滑。如果没有控制住，就容易导致脸部挫伤或脖子扭伤。

（2）在分散活动时，有些幼儿拿着带有绳子的沙包或其他投掷类玩具抢来抢去，如果没有抓住，将其甩了出去，就会落到其他幼儿身上，造成砸伤。

（3）幼儿在玩大型玩具的时候，都想自己先玩，抢上抢下，容易造成踩踏、摔伤。

预防游戏器械中存在的安全隐患的措施如下。

（1）不定期开展有关户外活动中存在的安全隐患的交流活动，增强教师的安全防护意识。

（2）日常加强对幼儿的户外活动安全教育，培养幼儿的自我保护能力。

（三）户外活动的衣着中存在的安全隐患

户外活动的衣着中存在的安全隐患有很多，以下列举三项。

（1）若幼儿穿着带拉绳的连帽衫，在追逐跑闹或玩滑梯时，就容易被绳子勒住脖子。

（2）穿着长及膝盖的外套，因行动不便容易摔倒。

（3）鞋子大小不合适，鞋子过大、过小或鞋带没有系好，容易造成摔伤、扭伤。

预防户外活动的衣着中存在的安全隐患的措施如下。

（1）提醒幼儿穿着适合活动的服装，衣服尽量是纯棉的、容易吸汗的，裤子要有弹性，便于奔跑伸展，尽量穿舒适的运动鞋。

（2）开展户外活动前，要检查幼儿的穿着是否有潜在危险，如鞋带是否系好、鞋子是否合脚，以便及时进行调整。

（3）提醒家长拆除连帽衫的拉绳，或者不要给幼儿穿带拉绳的连帽衫。若发现幼儿穿着这类衣服，则应帮助幼儿把拉绳塞到衣服里面。

（四）户外活动组织过程中存在的安全隐患

户外活动组织过程中存在的安全隐患有很多，以下列举五项。

（1）户外活动场地没有厕所，幼儿想大小便时需要回教室或托幼园所楼里，如果让幼儿自己去上厕所，就会存在安全隐患。比如，幼儿在去厕所的路上发现新奇的事物，忘我地去玩或去探究，有可能发生意外。

（2）为了便于管理，以防幼儿走失，教师会在户外活动时让幼儿排成一列纵队，一个拉着一个，让后面的幼儿拽着前面同伴的衣服，这样后面的幼儿就可能被挡住视线看不见路，走动空间也不够，容易被绊倒，导致磕伤。

（3）幼儿在活动中过于兴奋，不停跑跳，会造成活动量过大，产生身体疲劳；或者动作做不到位，引发碰撞、跌倒；或者在追逐跑动中速度过快或过于兴奋，躲闪不及导致摔倒或与他人、器械发生碰撞等。

（4）户外活动结束后，教师在带领幼儿返回时没有清点人数，导致个别幼儿被遗忘在户外活动场地，容易发生走失或其他安全事故。

（5）教师对于使用的器械和材料是否安全，材料摆放的位置是否合适，活动量是否科学，活动规则是否合理等考虑不周全，为幼儿的活动埋下安全隐患。

预防户外活动组织过程中存在的安全隐患的措施如下。

（1）集体活动中的防护措施。

①在组织集体活动时，最少保证有两名教师参与。

②教师应该分工明确，保证所有幼儿都在视线范围内。

③在做体能游戏前，要带领幼儿做身体各个部位的热身运动。比如，在做投掷类游戏前，多进行上肢的热身运动；在做跑跳类游戏前，多进行下肢及脚的热身运动，避免幼儿在活动中受伤。

④教师应该重点关注班级中的体弱儿、肥胖儿和过分活跃儿等特殊的幼儿，采用不同的游戏策略，避免因方法不当造成伤害。

⑤教师应该随身携带一些必需品，如卫生纸、防蚊虫叮咬的药等。

⑥在集体活动中，班级与班级之间一定要留有空距。

（2）分散活动中的防护措施。

①教师要分工站位，保证能够关注到分散在周围的全部幼儿。

②重点关注具有一定的危险性和幼儿相对集中的地方。

③在做投掷类游戏时，要提醒和指导幼儿在活动时保持一定的距离，避免发生碰撞。

学习检测

【实训检测】

1. 根据户外活动的工作内容及操作要求，组织学生模拟户外活动，排除户外活动中的安全隐患，对3～6岁的幼儿进行安全照护。

小组成员信息及分工情况

小组成员	姓名	学号	任务分工
组长			
组员			

2. 教师选择以下问题情境，学生说出解决方法并模拟实施。

（1）可可在玩转圈游戏时不小心被连帽衫的拉绳勒住了脖子，导致脖子红肿，应该怎么处理？

（2）豆豆跑到游戏区域外去玩跷跷板时，大腿被跷跷板的边缘割破流血，应该怎么处理？

【实训评价】

1. 能按照户外活动的工作内容及操作要求，做到安全照护，达到规范要求，无安全隐患。

2. 在模拟进行安全照护时，应符合实际工作场景，方法清晰，无知识性错误，模拟过程规范，可行性较强。

【知识检测】

根据所学知识，完成以下内容。

户外活动中可能存在的安全隐患及防护措施

户外活动中可能存在的安全隐患	防护措施

模块三
婴幼儿环境安全照护

模块概述

毋庸置疑，环境对婴幼儿安全照护的质量至关重要。托幼园所应该严格遵守《幼儿园管理条例》《托儿所、幼儿园建筑设计规范》（2019 年版）和《建筑设计防火规范》（2018 年版）中的相关规定，为婴幼儿提供安全舒适的生活空间。

对婴幼儿在托幼园所内的环境进行安全照护，主要遵循以婴幼儿为中心的原则，要以婴幼儿的生理和心理特点为出发点，以上述各种政策规范为主要依据，注重细节，关注日常检查和维护。

我们将从户外环境安全照护和室内环境安全照护两个方面进行本模块的学习。其中，户外环境安全照护主要包括户外场地、户外大型器械的安全，还要特别关注园所大门及门卫室的安全；室内环境安全照护主要包括消防、室内主要活动空间、其他重要室内空间的安全。

学习目标

知识目标

1. 熟悉托幼园所中婴幼儿活动的环境组成。
2. 了解托幼园所环境中存在的安全隐患。

3．掌握托幼园所户外环境和室内环境中排查安全隐患的方法。

能力目标

1．能按照流程排查环境中的安全隐患。

2．能分析环境中存在安全隐患的原因。

3．能在托幼园所的环境设置和维护中对婴幼儿进行细致的安全照护。

素养目标

1．加强时刻关爱婴幼儿生命、保护婴幼儿健康安全的责任感。

2．增强以婴幼儿为主体，注重细节，日常维护环境安全的意识。

3．利用安全隐患排查表加强自身维护环境安全的行为规范。

➡ 学习导图

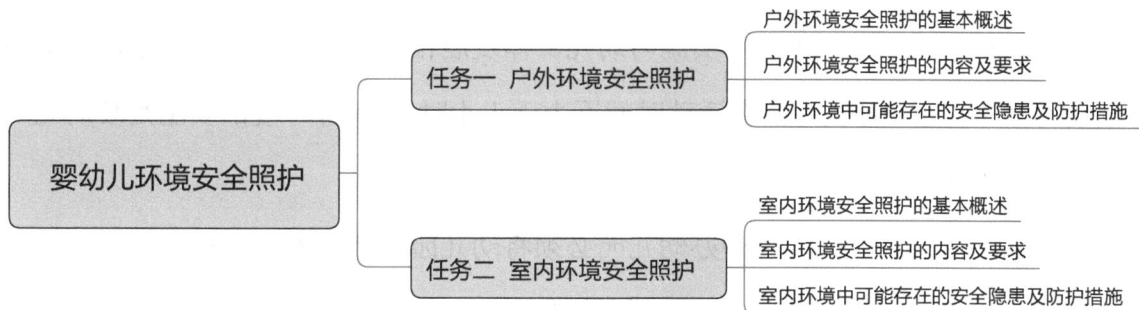

➡ 学习任务

任务一　户外环境安全照护

【情景导入】

情景一：雨后的早上，晨晨兴奋地朝老师跑过来，刚跑进大门就滑倒了。

情景二：夏天的午后，老师带着小朋友们来到操场的树荫下玩游戏，明明和萌萌却被不知名的小虫咬了。

情景三：平平站在滑梯上高兴地向下面的伙伴招手，忽然，护栏晃了晃，他差点摔了下去。

思考：上述这些情景里发生了什么？孩子们在托幼园所的户外环境中可能遇到哪些安全隐患？

【学习目标】

1．熟悉托幼园所的户外环境组成。

2．能分析、判断户外环境中可能存在的安全隐患，可以运用户外环境安全防护措施排除这些安全隐患。

3．通过知识、实训和探究式学习的方式，可以结合托幼园所的户外环境实际情况制定相应的安全防护解决方案。

【学习积累】

一、户外环境安全照护的基本概述

2022 年 2 月，教育部发布的《幼儿园保育教育质量评估指南》的附件（《幼儿园保育教育质量评估指标》）规定："制定并实施与幼儿身体发展相适应的体格锻炼计划，保证每天户外活动时间不少于 2 小时，体育活动时间不少于 1 小时。"户外环境的安全是婴幼儿户外活动安全的基本保障。

《幼儿园管理条例》规定："举办幼儿园必须将幼儿园设置在安全区域内。严禁在污染区和危险区内设置幼儿园。""举办幼儿园必须具有与保育、教育的要求相适应的园舍和设施。幼儿园的园舍和设施必须符合国家的卫生标准和安全标准。"

下面将结合两个关键（户外场地、户外大型器械）和一个重点（园所大门及门卫室）来介绍该如何进行户外环境安全照护。

二、户外环境安全照护的内容及要求

1．户外场地

《幼儿园工作规程》要求："幼儿园应当有与其规模相适应的户外活动场地，配备必要的游戏和体育活动设施，创造条件开辟沙地、水池、种植园地等，并根据幼儿活动的需要绿化、美化园地。"《广西壮族自治区幼儿园办园基本标准》规定："幼儿园室外活动场地应设置活动器械以及玩水池、玩沙池等场地所需设施。沙池深为 0.3～0.5m，蓄水深度不超过 0.3m，面积大小与办园规模相适应，池中沙不得使用工业用沙。活动器械包括具有攀、爬、滑、钻、荡、平衡、投掷等功能的运动器械。禁止使用全封闭的滑梯和通道。运动器械上的装饰物，不能遮挡教师和儿童的视线。室外活动场地应具有良好的排水系统。"

户外场地根据用途一般可以划分为运动区域、玩沙戏水区域、种植区域、动物饲养区域等。

《托儿所、幼儿园建筑设计规范》（2019 年版）中对户外场地有更细致的要求。

3.2.3 托儿所、幼儿园应设室外活动场地，并应符合下列规定：

1 幼儿园每班应设专用室外活动场地，人均面积不应小于 $2m^2$。各班活动场地之间宜采取分隔措施；

2 幼儿园应设全园共用活动场地，人均面积不应小于 $2m^2$；

3 地面应平整、防滑、无障碍、无尖锐突出物，并宜采用软质地坪；

4 共用活动场地应设置游戏器具、沙坑、30m 跑道等，宜设戏水池，储水深度不应超过 0.30m。游戏器具下地面及周围应设软质铺装。宜设洗手池、洗脚池；

5 室外活动场地应有 1/2 以上的面积在标准建筑日照阴影线之外。

3.2.4 托儿所、幼儿园场地内绿地率不应小于 30%，宜设置集中绿化用地。绿地内不应种植有毒、带刺、有飞絮、病虫害多、有刺激性的植物。

除此之外，在托幼园所的日常环境维护工作中，还应注意以下几点。

（1）户外地面材料要每天检查，发现破损、鼓起等问题，要及时解决。

（2）在不同活动区域、不同材料地面的衔接处，要细致维护，尽量避免因为衔接不流畅造成对婴幼儿的安全隐患。

（3）要做好卫生，每天及时清洁，按时消毒。

（4）要根据不同天气及时预防，如暴晒后降温和空气清洁、雨后排水、雪后清扫等。

2. 户外大型器械

教学用体育器材的安全应符合《固定式健身器材 第 1 部分：通用安全要求和试验方法》（GB 17498.1—2008）的相关要求及相应的产品标准，户外大型游乐设施的安全应符合《大型游乐设施安全规范》（GB 8408—2018）的相关要求及相应的产品标准。

器械安装也要符合上述国家安全标准，并经过专业检测机构检测合格。

在日常维护中，还应注意以下几点。

（1）每天检查，及时修理。

（2）在每个户外大型器械的适当位置，都要放上安全提示牌；在危险的地方要张贴醒目的安全警戒标志，提高婴幼儿的安全意识和自我保护能力。

（3）做好卫生，定期消毒。

3. 园所大门及门卫室

园所大门及门卫室是环境安全的门户，这里的环境安全照护尤为重要。

《托儿所、幼儿园建筑设计规范》（2019 年版）中规定："出入口处应设置人员安全集散和车辆停靠的空间。"

在日常工作中，应从来客管理、婴幼儿接送、大门看护、安全巡视和安全监控等方面做好环境安全照护。

三、户外环境中可能存在的安全隐患及防护措施

为了做好户外环境的安全照护，可制定各类安全隐患排查表，以帮助保教人员从细节上进行防控，避免出现漏洞。

1. 户外场地安全隐患排查表

户外场地安全隐患排查表如表 3-1 所示。

表 3-1　户外场地安全隐患排查表

排查项目	排查标准	发现问题	整顿措施	完成情况
大门外 200 米之内	是否有易燃易爆、有毒有害等生产经营环境			
大门外 50 米之内	是否有流动商贩、摊点，有无堆放杂物，是否有交通安全隐患			

续表

排查项目	排查标准	发现问题	整顿措施	完成情况
户外围墙	是否鼓胀倾斜，围栏是否松动			
绿化区域	是否有尖锐物件、玻璃、树枝等 植物是否有虫害、腐烂			
园舍墙壁	是否有裂缝、倾斜			
地面	是否凸起，地砖是否松动			
楼梯扶手护栏及防护栅栏	是否锈烂、松动			

2. 户外大型器械安全隐患排查表

户外大型器械安全隐患排查表如表 3-2 所示。以下为示范，应根据各园所配备的器械进行具体的列项。

表 3-2　户外大型器械安全隐患排查表

排查项目	排查标准	发现问题	整顿措施	完成情况
滑梯	是否有断裂、尖锐物件，有无破坏			
秋千	锁绳、座椅是否坚固			
平衡木	螺丝是否松动，是否安稳坚固			
篮球架	是否坚固，有无破坏			
沙坑	是否有玻璃、石子、树枝等杂物			

3. 园所大门及门卫室安全隐患排查表

园所大门及门卫室安全隐患排查表如表 3-3 所示。

表 3-3　园所大门及门卫室安全隐患排查表

排查项目	排查标准	发现问题	整顿措施	完成情况
园所大门	是否完好 能否正常闭合			
门卫室	门窗是否正常使用 电器电路是否正常 防卫用具是否齐备 监控与警报系统是否正常运转			
来客管理	是否先咨询来客、再征询领导， 有无检查来客所带物件并登记			
婴幼儿接送	是否严格检查接送卡			

续表

排查项目	排查标准	发现问题	整顿措施	完成情况
大门看护	是否文明礼貌，不擅自离岗，不干私活，随时关好大、小门			
安全巡视	是否保证上班时间园内无闲杂人员，闭园后是否认真检查各班门窗、灯、空调等，发现问题能否及时填写"安全工作综合状况记录表"			
安全监控	是否认真做好监控录像和保护工作，填写监控记录			

任务二　室内环境安全照护

【情景导入】

情景一：在区域活动时，益智区里有若干小朋友被玩具柜撞到肩膀。

情景二：老师为了给手机和相机充电，把插座放在一个随手可以插拔的位置。

情景三：老师弹完钢琴后，琴盖依然打开着，恒恒趁老师走开，偷偷摸到钢琴边。

情景四：保育人员用完消毒水后，把消毒水瓶放在盥洗室的水池边。

情景五：小朋友们排队一起上楼时，丁丁的小手被栏杆划出了一道伤痕。

情景六：亮亮因为好奇，偷偷摸了水壶，结果小手被烫得通红。

情景七：为了展示小朋友们的画作，老师用图钉把它们钉在走廊的墙上。

情景八：保育人员消毒完桌子后，和和那只放在桌上的胳膊上起了一些小疙瘩。

情景九：厕所里的蹲坑不停地漏水，把地面都弄湿了。

情景十：齐齐的椅背上有一块小木刺，刺伤了他的后背。

思考：上述这些情景里发生了什么？孩子们在托幼园所的室内环境中可能遇到哪些安全隐患？

【学习目标】

1. 熟悉托幼园所的室内环境组成。

2. 能分析、判断室内环境中可能存在的安全隐患，可以运用室内环境安全防护措施排除这些安全隐患。

3. 通过知识、实训和探究式学习的方式，可以结合托幼园所的室内环境实际情况制定相应的安全防护解决方案。

【学习积累】

一、室内环境安全照护的基本概述

0～6 岁婴幼儿的大部分时间都在室内，因此为他们提供一个安全舒适的环境至关重要。

《托儿所、幼儿园建筑设计规范》（2019 年版）中的大部分内容都涉及室内环境的安全照护，是值得我们深入了解的资料。

下面将结合一个关键（消防）和两个重点（室内主要活动空间、其他重要室内空间）进行室内环境安全照护的学习。

二、室内环境安全照护的内容及要求

1. 消防

《教育部 公安部关于加强中小学幼儿园消防安全管理工作的意见》中有关消防安全的部分内容如下。

> 二、开展防火检查。学校消防安全责任人或消防安全管理人员应当每月至少组织开展一次校园防火检查，并在开学、放假和重要节庆等活动期间开展有针对性的防火检查，对发现的消防安全问题，应当及时整改。重点检查以下内容：一是消防安全制度落实情况；二是日常防火检查工作落实情况；三是教职员工消防知识掌握情况；四是消防安全重点部位的管理情况；五是消防设施、器材完好有效情况；六是厨房烟道等定期清洗情况；七是电气线路、燃气管道定期检查情况；八是消防设施维护保养情况；九是火灾隐患整改和防范措施落实情况；十是消防安全宣传教育情况。防火检查应当填写检查记录，检查人员和被检查部门负责人应当在检查记录上签名，检查记录纳入校舍消防安全档案管理。

四、加强消防设施器材配备和管理。学校应当按照国家、行业标准配置消防设施、器材，并依照规定进行维护保养和检测，确保完好有效。设有自动消防设施的，可以委托具有相应资质的消防技术服务机构进行维护保养，每月出具维保记录，每年至少全面检测一次。

五、规范消防安全标识。学校应当规范设置消防安全标志、标识。消防设施、器材应当设置规范、醒目的标识，并用文字或图例标明操作使用方法；疏散通道、安全出口和消防安全重点部位等处应当设置消防警示、提示标识；主要消防设施设备上应当张贴记载维护保养、检测情况的卡片或者记录。

根据这些指示，我们可以比较明确地开展日常的消防安全照护工作。

2. 室内主要活动空间

《托儿所、幼儿园建筑设计规范》（2019年版）对于这个空间的命名为"生活用房"，相关规定如下。

4.3 幼儿园生活用房

4.3.1 幼儿园的生活用房应由幼儿生活单元、公共活动空间和多功能活动室组成。公共活动空间可根据需要设置。

4.3.2 幼儿生活单元应设置活动室、寝室、卫生间、衣帽储藏间等基本空间。

4.3.3 幼儿生活单元房间的最小使用面积不应小于表4.3.3的规定，当活动室与寝室合用时，其房间最小使用面积不应小于105m²。

表4.3.3 幼儿生活单元房间的最小使用面积（m²）

房间名称		房间最小使用面积
活动室		70
寝室		60
卫生间	厕所	12
	盥洗室	8
衣帽储藏间		6

4.3.4 单侧采光的活动室进深不宜大于6.60m。

4.3.5 设置的阳台或室外活动平台不应影响生活用房的日照。

4.3.6 同一个班的活动室与寝室应设置在同一楼层内。

4.3.7 活动室、寝室、多功能活动室等幼儿使用的房间应做暖性、有弹性的地面，儿童使用的通道地面应采用防滑材料。

4.3.8 活动室、多功能活动室等室内墙面应具有展示教材、作品和空间布置的条件。

4.3.9 寝室应保证每一幼儿设置一张床铺的空间，不应布置双层床。床位侧面或端部距外墙距离不应小于 0.60m。

4.3.10 卫生间应由厕所、盥洗室组成，并宜分间或分隔设置。无外窗的卫生间，应设置防止回流的机械通风设施。

4.3.11 每班卫生间的卫生设备数量不应少于表 4.3.11 的规定，且女厕大便器不应少于 4 个，男厕大便器不应少于 2 个。

表 4.3.11 每班卫生间卫生设备的最少数量

污水池（个）	大便器（个）	小便器（沟槽）（个或位）	盥洗台（水龙头，个）
1	6	4	6

4.3.12 卫生间应临近活动室或寝室，且开门不宜直对寝室或活动室。盥洗室与厕所之间应有良好的视线贯通。

4.3.13 卫生间所有设施的配置、形式、尺寸均应符合幼儿人体尺度和卫生防疫的要求。卫生洁具布置应符合下列规定：

1 盥洗池距地面的高度宜为 0.50m～0.55m，宽度宜为 0.40m～0.45m，水龙头的间距宜为 0.55m～0.60m；

2 大便器宜采用蹲式便器，大便器或小便器之间应设隔板，隔板处应加设幼儿扶手。厕位的平面尺寸不应小于 0.70m×0.80m（宽×深），坐式便器的高度宜为 0.25m～0.30m。

4.3.14 厕所、盥洗室、淋浴室地面不应设台阶，地面应防滑和易于清洗。

4.3.15 夏热冬冷和夏热冬暖地区，托儿所、幼儿园建筑的幼儿生活单元内宜设淋浴室；寄宿制幼儿生活单元内应设置淋浴室，并应独立设置。

4.3.16 封闭的衣帽储藏室宜设通风设施。

4.3.17 应设多功能活动室，位置宜临近生活单元，其使用面积宜每人 0.65m²，且不应小于 90m²。单独设置时宜与主体建筑用连廊连通，连廊应做雨篷，严寒和寒冷地区应做封闭连廊。

3. 其他重要室内空间

《托儿所、幼儿园建筑设计规范》（2019 年版）中还有这样一些内容非常值得注意。

4.1.5 托儿所、幼儿园建筑窗的设计应符合下列规定：

1 活动室、多功能活动室的窗台面距地面高度不宜大于 0.60m；

2 当窗台面距楼地面高度低于 0.90m 时，应采取防护措施，防护高度应从可踏部位顶面起算，不应低于 0.90m；

3 窗距离楼地面的高度小于或等于 1.80m 的部分，不应设内悬窗和内平开窗扇；

4 外窗开启扇均应设纱窗。

4.1.6 活动室、寝室、多功能活动室等幼儿使用的房间应设双扇平开门，门净宽不应小于 1.20m。

4.1.7 严寒地区托儿所、幼儿园建筑的外门应设门斗，寒冷地区宜设门斗。

4.1.8 幼儿出入的门应符合下列规定：

1 当使用玻璃材料时，应采用安全玻璃；

2 距离地面 0.60m 处宜加设幼儿专用拉手；

3 门的双面均应平滑、无棱角；

4 门下不应设门槛；平开门距离楼地面 1.2m 以下部分应设防止夹手设施；

5 不应设置旋转门、弹簧门、推拉门，不宜设金属门；

6 生活用房开向疏散走道的门均应向人员疏散方向开启，开启的门扇不应妨碍走道疏散通行；

7 门上应设观察窗，观察窗应安装安全玻璃。

4.1.9 托儿所、幼儿园的外廊、室内回廊、内天井、阳台、上人屋面、平台、看台及室外楼梯等临空处应设置防护栏杆，栏杆应以坚固、耐久的材料制作。防护栏杆的高度应从可踏部位顶面起算，且净高不应小于1.30m。防护栏杆必须采用防止幼儿攀登和穿过的构造，当采用垂直杆件做栏杆时，其杆件净距离不应大于0.09m。

4.1.10　距离地面高度1.30m以下，幼儿经常接触的室内外墙面，宜采用光滑易清洁的材料；墙角、窗台、暖气罩、窗口竖边等阳角处应做成圆角。

4.1.11　楼梯、扶手和踏步等应符合下列规定：

1　楼梯间应有直接的天然采光和自然通风；

2　楼梯除设成人扶手外，应在梯段两侧设幼儿扶手，其高度宜为0.60m；

3　供幼儿使用的楼梯踏步高度宜为0.13m，宽度宜为0.26m；

4　严寒地区不应设置室外楼梯；

5　幼儿使用的楼梯不应采用扇形、螺旋形踏步；

6　楼梯踏步面应采用防滑材料，踏步踢面不应漏空，踏步面应做明显警示标识；

7　楼梯间在首层应直通室外。

4.1.12　幼儿使用的楼梯，当楼梯井净宽度大于0.11m时，必须采取防止幼儿攀滑措施。楼梯栏杆应采取不易攀爬的构造，当采用垂直杆件做栏杆时，其杆件净距不应大于0.09m。

4.1.13　幼儿经常通行和安全疏散的走道不应设有台阶，当有高差时，应设置防滑坡道，其坡度不应大于1∶12。疏散走道的墙面距地面2m以下不应设有壁柱、管道、消火栓箱、灭火器、广告牌等突出物。

4.1.14　托儿所、幼儿园建筑走廊最小净宽不应小于表4.1.14的规定。

表4.1.14　走廊最小净宽度（m）

房间名称	走廊布置	
	中间走廊	单面走廊或外廊
生活用房	2.4	1.8
服务、供应用房	1.5	1.3

4.1.15　建筑室外出入口应设雨篷，雨篷挑出长度宜超过首级踏步0.50m以上。

4.1.16　出入口台阶高度超过0.30m，并侧面临空时，应设置防护设施，防护设施净高不应低于1.05m。

三、室内环境中可能存在的安全隐患及防护措施

室内的安全隐患排查需要比户外更加细致，各类安全隐患排查表也需要根据实际情况多加补充。

1. 消防安全隐患排查表

消防安全隐患排查表如表 3-4 所示。

表 3-4　消防安全隐患排查表

排查项目	排查标准	发现问题	整顿措施	完成情况
安全出口	设置是否合理 指示标志是否清晰			
疏散通道	设置是否合理 是否畅通 各处的疏散通道示意图是否配备，是否准确、清晰			
消防通道	设置是否合理 是否畅通			
疏散指示标志	是否在合适的位置 是否牢固			
应急照明设施	是否在合适的位置 是否牢固 能否正常运转			
消防设施、器材	是否按照国家、行业标准配置 是否依照规定进行维护保养和检测 是否完好有效			
用火	厨房操作间、锅炉房是否按照操作规程使用明火，用火期间是否有人看管，明火使用结束后是否及时清理、断火			
	厨房做饭是否存在油锅过热、干锅、油脂从锅中溢出等操作不当行为			
	厨房油烟道、烤炉等器具内是否油渍堆积过多、清洗不干净或未按照规定及时清洗			

续表

排查项目	排查标准	发现问题	整顿措施	完成情况
用电	是否使用超期、检验不合格或报废电器			
	是否按照操作规程安装电器			
	电器使用结束后是否及时断电			
	正在使用中的发热的电器（电灯、电视、空调、电暖器等）是否紧邻可燃物（衣服、床单、沙发、窗帘、幕布等）			
	电气线路是否老化，是否及时更换			
	电动自行车、三轮车是否违规在园所宿舍、办公室等室内停放或充电			
用气	是否定期对燃气线路进行检测			
	是否按照操作规程用气			

2. 室内主要活动空间安全隐患排查表

室内主要活动空间安全隐患排查表如表 3-5 所示。

表 3-5 室内主要活动空间安全隐患排查表

排查项目	排查标准	发现问题	整顿措施	完成情况
各类橱柜	是否稳固			
桌椅	是否安全，有无破损或钉子翘起			
钢琴	用完是否及时盖好			
空调、电灯	是否按规定开与关			
紫外线灯	是否定期开启 开关是否在 1.7 米以上			
电源、插座	是否符合要求 是否放在婴幼儿接触不到的地方			
用电线路接头及开关	是否有破损、裸露			
危险物品	开水、豆浆、牛奶、汤类、稀饭、面线类进班级时温度是否过烫 教学用的尖锐物品，小型豆类、珠子类物品是否收好			

续表

排查项目	排查标准	发现问题	整顿措施	完成情况
床铺	是否安全（摇动、床板断裂等）			
上下水	水龙头设备是否完好 下水道是否堵塞			
地面	是否湿滑			

3. 其他重要室内空间安全隐患排查表

其他重要室内空间安全隐患排查表如表 3-6 所示。

表 3-6　其他重要室内空间安全隐患排查表

排查项目	排查标准	发现问题	整顿措施	完成情况
楼梯、走廊	楼梯扶手护栏及防护栅栏是否锈烂、松动，有无尖刺			
	楼梯、走廊是否封堵，疏散通道是否畅通			
	灯、展板、悬挂物品等是否牢固			
	照明是否正常			
门窗	是否掉扇，是否可以正常开合，门窗玻璃是否有破损、裂纹			
	落地大玻璃是否为钢化玻璃，是否设有警示标志			
	用电线路接头及开关是否有破损、裸露			

🔗 学习检测

【实训检测】

1. 教师组织学生分组模拟"户外/室内环境安全隐患排查"现场。

2. 教师选择以下问题情境，学生说出解决方法并模拟实施。

（1）户外大型器械中有一根立柱不牢固。

（2）户外场地中有一处地砖松动。

（3）正在婴幼儿午休期间，门卫室没有人在。

（4）有的班级有消防疏散图，有的班级没有。

（5）趁着孩子们去户外做操，保教人员用湿墩布拖了一遍活动室的地。

（6）最近连续有几个小朋友在二楼楼梯拐角处摔跤。

【实训评价】

1．能按照户外/室内环境安全照护的内容及要求，迅速判断问题所在。

2．在模拟情境中提出处理措施，措施符合实际工作场景，方法清晰，无知识性错误，模拟过程规范，可行性较强。

【知识检测】

1．请根据你所在的园所情况，为贵园所设计一张户外大型器械安全隐患排查表。

2．请根据你所在的班级情况，为班级设计一张室内主要活动空间安全隐患排查表。

模块四

婴幼儿意外伤害的处理和常见疾病的防护

➡ **模块概述**

婴幼儿的安全健康水平是一个国家或地区政治、经济、文化和卫生水平的重要标志之一。对保教人员来说，保证婴幼儿的安全，防止意外伤害的发生和做好常见疾病的防护是其日常工作，也是其头等大事。对各类意外伤害和常见疾病做到早发现、早处理，及时治疗原发病，阻止其进一步发展，让婴幼儿健康茁壮成长，是我们每一个教育者的责任。因此，我们要学习和熟悉婴幼儿一日生活中可能发生的意外伤害和常见疾病，并及时采取有效措施减少对婴幼儿的伤害。本模块将展开介绍婴幼儿意外伤害处理和常见疾病防护的内容及要求。

➡ **学习目标**

知识目标

1. 知道婴幼儿在托幼园所可能发生的各类意外伤害和常见疾病。

2. 了解婴幼儿意外伤害和常见疾病的类型，熟悉各类意外伤害和常见疾病的危害。

3. 掌握各类意外伤害和常见疾病的处理步骤及措施。

能力目标

1. 能根据婴幼儿的症状识别意外伤害和常见疾病的类型。

2. 能分析意外伤害和常见疾病发生的原因。

3．能初步评估意外伤害和常见疾病的危害程度，实施应急处理方案。

素养目标

1．具备对婴幼儿意外伤害和常见疾病的应急处理能力与安全防护意识。

2．懂得及时、规范的救助对婴幼儿的重要意义。

➡ **学习导图**

烧（烫）伤的应急处理

异物入喉的应急处理

小外伤的应急处理

鼻出血的应急处理

骨折、关节脱位、肌肉损伤的应急处理

中暑的应急处理

休克的应急处理

溺水的应急处理

触电的应急处理

动物咬伤、蜇伤的应急处理

踩踏事件的应急处理

火灾事故的应急处理

鹅口疮的防护

缺钙的防护

手足口病的防护

积食的防护

水痘的防护

喉梗阻的防护

口水疹的防护

脐疝的防护

贫血的防护

乳糖不耐受的防护

玫瑰疹的防护

起痱子的防护

胃肠功能紊乱的防护

湿疹的防护

腹痛的防护

便秘的防护

咳嗽的防护

发热的防护

感冒的防护

自闭症的引导

抽动症的治疗

任务一　婴幼儿意外伤害的处理

任务二　婴幼儿常见疾病的防护

婴幼儿意外伤害的处理和常见疾病的防护

➡️ **学习任务**

任务一　婴幼儿意外伤害的处理

场景一：烧（烫）伤的应急处理

【情景导入】

情景：午饭时间，刘老师拿着自己的饭菜和汤从大厅走过。一个幼儿急速跑来，两人撞到一起，汤倒翻在幼儿的胳膊上，致使幼儿的胳膊变红。刘老师见状马上用手擦拭幼儿胳膊上的伤口，没想到幼儿突然尖叫起来。刘老师立即带着幼儿来到附近的医院检查，医生诊断为二度烫伤，所幸伤口较小。但由于当时处理不当，幼儿伤口处的皮破了，造成了感染。

思考：婴幼儿发生烧（烫）伤时应如何处理？

【学习目标】

1．了解婴幼儿烧（烫）伤的常见类型，熟悉婴幼儿烧（烫）伤的症状。

2．能分析、判断婴幼儿烧（烫）伤的原因。

3．具备对婴幼儿烧（烫）伤事件的应急处理能力和安全防护意识。

【学习积累】

一、烧（烫）伤概述

烧（烫）伤是指各种热源、电击、化学物等作用于人体引起的损伤，以热源烧（烫）伤最为常见，是婴幼儿意外伤害的重要类型。下面主要介绍热源烧（烫）伤和电击伤。

（1）热源烧（烫）伤，主要指热液、蒸汽、热的物体表面及火焰等热源接触皮肤所致的伤害。婴幼儿烧（烫）伤事件超过 90% 是由热水、热粥、热汤、热牛奶、热油等热液引起的。热液的温度超过 50℃，数秒之内皮肤就会受损。而婴幼儿的皮肤娇嫩，即使温度不超过 50℃，也会对婴幼儿的皮肤造成伤害。面积较小、较浅的热源烧（烫）伤，除受伤部位皮肤变红、有疼痛感外，对婴幼儿全身的影响不大；面积较大、较深的热源烧（烫）伤，则会出现受伤部位红肿、起水疱、脱皮，无尿或少尿等症状。

（2）电击伤，俗称触电，主要指各种电器、插座、开关等设备漏电或雷击引发的伤害。电击伤有轻度和重度之分。轻度的电击伤只会使伤者出现局部皮肤变红、面色苍白、头晕、短暂意识丧失等症状；重度的电击伤会伤及组织内部深处的肌肉和骨骼，而皮肤表面仅表现为轻微损伤，但有时会导致心搏骤停、休克等严重后果。

二、烧（烫）伤的应急处理措施

在托幼园所最常见的烧（烫）伤类型为热源烧（烫）伤，下面对这类婴幼儿烧（烫）伤的处理步骤和措施进行具体说明（关于电击伤的处理步骤和措施，可以参考后面内容）。具体如下。

（1）观察现场，确保周围环境安全，寻找引发婴幼儿烧（烫）伤的原因，让婴幼儿脱离热源环境，并请其他教师维持现场秩序。

（2）评估婴幼儿烧（烫）伤的情况，着重了解婴幼儿受伤的面积、部位、程度等。

（3）安抚婴幼儿的情绪，迅速实施应急处理。热源烧（烫）伤的应急处理步骤可以概括为：冲→脱→泡→包→送。

①冲：立即用流动水冲洗受伤部位 20 分钟左右，快速降低皮肤表面的温度，清洁创面，减轻损伤和疼痛感。如果受伤部位不容易冲洗（如头部），则可用湿毛巾冷敷（1～2 分钟更换一次），或者用毛巾包住冰块冷敷受伤部位。

②脱：如果受伤部位有衣服，则在水中小心脱去，或者剪开受伤处的衣服。若衣服与伤口皮肤粘连，不要强行撕扯衣服，保留粘连处让医生处理。

③泡：将婴幼儿的受伤部位浸泡在干净的冷水中 10 分钟（注意不能用冰水），可以减轻婴幼儿的疼痛感。但是如果受伤部位的面积比较大，则不能浸泡太久，以免体温下降过快。

④包：为了减少外界污染，冲洗清洁后，可用无菌纱布、毛巾或干净的衣服包住伤处并固定。

⑤送：上面四步做完之后，根据婴幼儿烧（烫）伤的情况决定是否送医处理。浅层的、小范围的热源烧（烫）伤不用送医，但是如果情况严重，则应当立即送医处理。

婴幼儿烧（烫）伤出现以下几种情况，请立即送医处理：烧（烫）伤的面积超过婴幼儿一只手掌的面积；受伤部位的皮肤变成黑色或似皮革样；面部、手、脚或生殖器烧（烫）伤；婴幼儿的意识、呼吸出现异常。

场景二：异物入喉的应急处理

【情景导入】

情景：刘老师正在组织小班的幼儿吃饭，突然听到一阵吵闹声，抬头一看，发现清清小朋友正把手伸进喉咙并且表情痛苦。喉咙不舒服导致清清一直哭闹，把饭菜都打翻了。刘老师见状马上来到清清身边给他拍背，见不奏效就用手去抠清清的喉咙。等了一会儿，清清不适的症状仍没有缓解，刘老师急忙将清清送到了医务室。保健医生处理完后告诉刘老师，如果清清再晚送来一分钟就危险了。

思考：婴幼儿发生异物入喉时应如何处理？

【学习目标】

1. 掌握婴幼儿异物入喉的处理步骤和措施。

2. 能初步评估婴幼儿异物入喉的危害程度，实施应急处理方案。

3. 具备对婴幼儿异物入喉事件的应急处理能力和安全防护意识。

【学习积累】

一、异物入喉概述

人体的气管和食管共用一条通道，会厌软骨把气管和食管分开。呼吸时，会厌软骨会抬起来，让空气进入气管；吞咽时，会厌软骨会盖住气管，以免食物进入气管。但是婴幼儿的会厌软骨发育不完全，容易导致异物入喉。据调查，美国每年有 500～2000 例患者死于气管异物误吸，伴有窒息、心搏骤停、肺炎等并发症；儿童、老人是最常见的人群，死亡率高达 66.7%。其中，95%发生在 5 岁以下的婴幼儿群体中。在婴幼儿气管梗阻异物中，有

85%是植物性食物，包括花生米、瓜子仁、豆子、玉米、水果等，这些都是日常生活中经常吃的食物，还有一些婴幼儿的玩具等。婴幼儿在接触这些食物或物品的过程中，就有可能导致意外事故的发生。

异物入喉的症状如下。

（1）剧烈咳嗽。在没有生病的前提下，婴幼儿突然剧烈咳嗽。

（2）表情痛苦。异物的刺激导致婴幼儿眉头紧锁，表情痛苦。

（3）呼吸困难。异物入喉后，婴幼儿会感到呼吸困难，一般表现为吸气十分费力，严重时甚至无法发声。

（4）呕吐。如果异物停留在喉咙处，那婴幼儿可能出现呕吐症状。

（5）嘴唇、脸色青紫。由于异物进入气管导致人体缺氧，婴幼儿的嘴唇、脸色会变得青紫。

（6）"V"形手势。异物入喉后，婴幼儿会不自觉地将手放在颈部，形成"V"形手势。

二、异物入喉的应急处理措施

1. 观察现场

快速地观察现场，确保现场环境安全。

2. 了解情况，联系相关人员

询问周围的婴幼儿或根据受伤婴幼儿旁边的食物或物品，判断是什么异物进入了喉咙，并让其他教师联系120急救中心和婴幼儿家长。

3. 实施急救

对于1岁以上的幼儿，可以采用海姆立克急救法。这是由美国亨利·海姆立克医生发明的气管异物误吸急救方法，其原理是突然增加胸膜腔内压，以形成足够的呼出气的压力和流量，使气管内的异物排出。它包括立位腹部冲击法和仰卧位腹部冲击法。如果幼儿尚有意识，则建议使用立位腹部冲击法来实施急救，具体操作方法如下（见图4-1）。

（1）让幼儿保持站立，头稍低，背稍弓，双脚稍分开，施救者站在幼儿身后，脚呈弓步状，前脚置于幼儿双脚间。

（2）一手握拳，拳心向内按压于幼儿的肚脐和剑突之间的位置（肚脐向上两横指处），另一手置于拳头上方并握紧。

（3）双手急速向内上方压迫腹部，反复有节奏、有力地进行，用形成的气流将异物冲出。

（4）检查口腔，如果异物已经被冲出，就迅速用手将异物掏出来。将异物取出后及时检查幼儿的呼吸和心跳，看他是否恢复自主意识。

图 4-1　1 岁以上有意识幼儿的急救方法

对于 1 岁以上无意识的幼儿，建议使用仰卧位腹部冲击法来实施急救，具体操作方法如下（见图 4-2）。

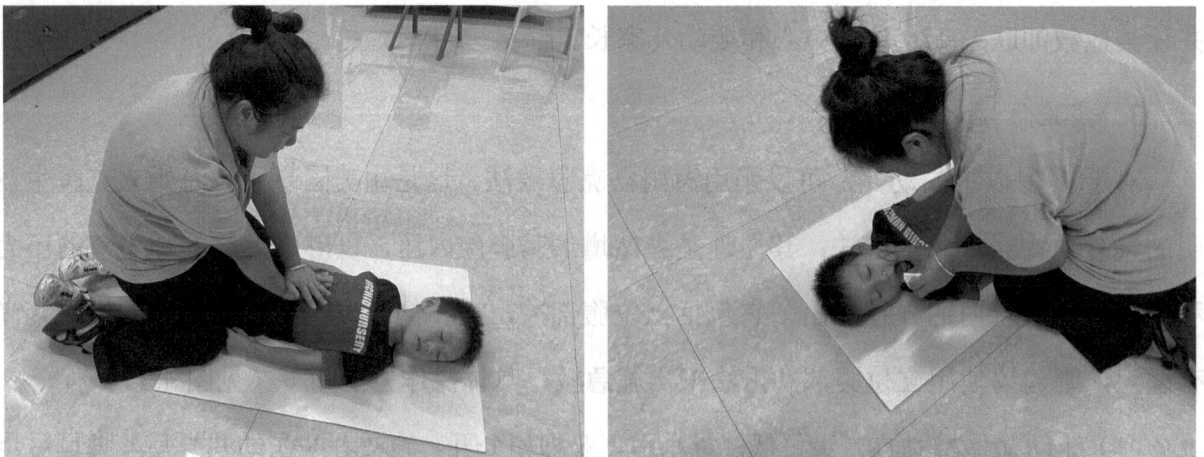

图 4-2　1 岁以上无意识幼儿的急救方法

（1）让幼儿保持仰卧位，头偏向一侧，将其放置在平整的地面上。

（2）施救者骑跨在幼儿大腿上，两掌重叠放置于幼儿肚脐向上两横指处，用掌根向幼儿的前下方实施有力、有节奏的按压，反复进行。

（3）检查口腔，如果异物已经被冲出，就迅速用手将异物掏出来。将异物取出后及时检查幼儿的呼吸和心跳，看他是否恢复自主意识。

（4）如果多次尝试后异物仍无法被取出，或者取出异物后幼儿无法恢复自主意识，则应立即实施心肺复苏，直至急救人员到来。

对于 1 岁以下的婴儿，则不建议使用海姆立克急救法，以免伤害婴儿的腹腔内器官。建议使用拍背压胸法，具体操作方法如下（见图 4-3）。

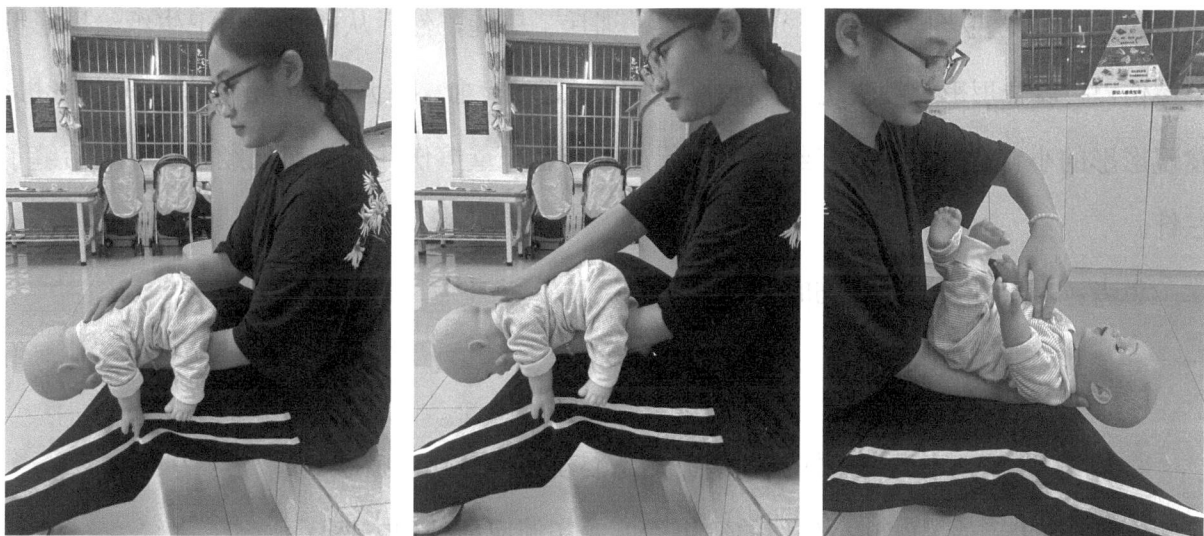

图 4-3　1 岁以下婴儿的急救方法

（1）让婴儿趴在施救者的前臂上，头朝下约 45°，一只手托起婴儿的下颌和颈部，并将手臂置于大腿上借力。

（2）另一只手在婴儿背部两肩胛骨处用掌根拍背 5 次，每秒一次，根据婴儿的月龄决定力量大小。

（3）小心托住婴儿的头部和颈部，将婴儿翻正，保持婴儿的头部低于躯干，在婴儿两乳头连线中点下一横指处，用食指及中指垂直按压 5 次，每秒一次。

（4）背部拍击和胸部按压交替进行。

（5）检查口腔，如果异物已经被冲出，就迅速用手将异物掏出来。如果多次尝试后异物仍无法被取出，或者取出异物后无法恢复自主意识，则应立即实施心肺复苏，直至急救人员到来。

4. 事后工作

事后及时了解婴幼儿的健康状况，和婴幼儿的家长详细沟通，做好记录归档工作。

场景三：小外伤的应急处理

【情景导入】

情景：彤彤在参加游戏活动时，由于玩得太开心了，没有注意到其他小朋友，被楠楠撞倒因此受伤。王老师听到彤彤的哭声后，训斥了楠楠，然后从兜里拿出卫生纸给彤彤擦了擦伤口，就让彤彤继续去玩了。而彤彤的伤口还在流血。离园时，彤彤的妈妈来接彤彤，发现彤彤的小臂有一处肿胀。经医生诊断，彤彤是严重擦伤并且伤口已经感染，随后缝了三针。

思考：婴幼儿发生小外伤时应如何处理？

【学习目标】

1. 了解婴幼儿小外伤的常见类型，熟悉婴幼儿小外伤的症状。

2. 能初步评估婴幼儿小外伤的危害程度，实施应急处理方案。

3. 了解及时、规范的救助对婴幼儿小外伤的重要意义。

【学习积累】

一、小外伤概述

1. 小外伤的概念

小外伤是指比较轻微的、小范围的损伤，以皮肤损伤为主，是婴幼儿较为常见的意外伤害类型。皮肤是人体的第一道防线，在发生外伤时，皮肤最容易受伤。婴幼儿容易出现的小外伤包括擦伤、刺伤、割伤、扭伤、指（趾）甲伤（砸、挤）、跌落伤等。其中，又以擦伤、刺伤、割伤最为常见。

2. 婴幼儿常见的小外伤类型和症状

（1）擦伤是指钝性致伤物与皮肤表层摩擦而造成的以表皮剥脱为主要改变的损伤，又称表皮剥脱，是开放伤中最轻的一类创伤。擦伤最常出现的部位是面部、膝盖、肘部和小腿的皮肤。婴幼儿的皮肤被擦伤后，受伤部位可能出现以下几种症状：皮肤表层有肉眼可见的擦痕；创面有较多小出血点和组织液渗出，但量较少；伴有明显的疼痛感。

（2）刺伤是指尖利的锐器（如钉子、针、竹签等）对皮肤所造成的创伤。刺伤看起来就是皮肤上的一个小洞，伤口深浅难以辨别，易伤及深部组织；或者因伤口中有污染物残留，容易引发感染，尤其是厌氧菌感染。婴幼儿被尖锐物体刺伤后，受伤部位可能出现以下几种症状：伤口处会形成一个小洞；伤口不会自行流血或少量流血；如果有异物留存在伤口中，则疼痛程度会加重；如果伤口并发严重感染，则会出现发热、寒战等相关菌血症表现。

（3）割伤是指皮肤受到刀片、玻璃碎片等锐器的划割而发生的破裂损伤。婴幼儿被锐器割伤后，受伤部位可能出现以下几种症状：疼痛感比较明显；创面较整齐且面积较小，但是一般出血较多；伤口多呈直线状，周围组织损伤较轻，伤口可深可浅。

二、小外伤的应急处理措施

小外伤一般不会影响婴幼儿的生命健康，但是为了防止伤情恶化，仍然需要及时进行正确的处理，具体处理方法可参考以下步骤。

（1）观察现场，确保周围环境安全，安抚受伤的婴幼儿，请其他教师维持现场秩序。

（2）评估婴幼儿的伤口情况，着重了解婴幼儿受伤的原因及伤口类型、数量、部位，以及伤口内部有无异物、出血量及血流速度等。

（3）处理婴幼儿的伤口，处理前要将双手清洗干净（七步洗手法），戴上医用防护手套。处理步骤如下。

①清理：用棉签蘸取生理盐水，从伤口中间向四周清洗伤口及周围皮肤（也可以用流动水直接冲洗），以便将伤口及周围的污染物去除。如果是刺伤，应先将残留在伤口里的异物小心地拔出，再清洗伤口。

②止血：一般的小伤口可以自行止血，如果出血量较大，则可以将无菌敷料放在伤口处按压 5 分钟，并将伤口抬高至心脏以上位置，直到出血止住。

③消毒：用棉签蘸取碘伏，从伤口中间向四周擦拭伤口及周围皮肤，预防伤口感染。

④包扎：如果伤口比较小，就可以不用包扎；伤口比较大时，可以用创可贴或纱布包扎。包扎可以避免伤口感染，但是要每天换一次创可贴或纱布。

场景四：鼻出血的应急处理

【情景导入】

情景：可可在户外玩耍时，突然开始流鼻血，老师看到后立刻让可可将头部往后仰，想通过这种方式阻止血流出来。但不一会儿，可可就因鼻血倒流而呛到。因为老师的不当处理，孩子受到了二次伤害。

思考：婴幼儿发生鼻出血时应如何处理？

【学习目标】

1．掌握婴幼儿鼻出血的处理步骤和措施。

2．能分析、判断婴幼儿鼻出血的原因。

3．具备对婴幼儿鼻出血事件的应急处理能力和安全防护意识。

【学习积累】

一、鼻出血概述

鼻出血是临床常见的症状之一，可由鼻部疾病引起，也可由全身疾病所致。鼻出血多为单侧，少数情况下出现双侧鼻出血；出血量大小不一，轻则仅为涕中带血，重则可引起失血性休克；反复鼻出血可导致贫血。婴幼儿鼻出血多是由饮食、气候或疾病等原因导致的鼻黏膜毛细血管破裂出血。婴幼儿是鼻出血的好发人群，由于婴幼儿的毛细血管壁比较脆弱，因此在气候过于干燥的时候，就有可能出现毛细血管壁破裂而导致鼻出血的情况。同时，婴幼儿有偏食挑食的习惯，可能由于维生素 C 的摄入不足导致毛细血管壁脆弱而容易破裂。有些常见的儿科疾病，如鼻腔的炎症、出血性的疾病也会导致鼻出血的频率增加。另外，婴幼儿的一些不良习惯，如用手挖鼻孔，也可能导致鼻出血。家长应当注意避免婴幼儿养成挑食的坏习惯，同时注意婴幼儿的日常生活习惯，制止婴幼儿经常用手挖鼻孔的不良行为。

二、鼻出血的应急处理措施

婴幼儿发生鼻出血时，紧张或大哭、用力揉擦鼻子等均会加重出血。此时正确的做法是立即将婴幼儿抱起，使其呈半卧位，大点的幼儿可采取坐位，但不要低头或呈后仰位。弄清楚是哪侧鼻腔出血，先用消毒棉球蘸 1% 的麻黄碱或 0.5% 的肾上腺素塞进出血侧鼻腔，再用手捏紧两侧鼻翼，让婴幼儿用口呼吸，数分钟后即可止血。若因跌伤致鼻出血，用上述方法处理后仍血流不止，则应及时送医。出血后数小时或数日内，鼻黏膜尚未愈合，要避免剧烈运动或挖鼻。

在日常生活中，如果婴幼儿突然发生鼻出血，我们可以做哪些呢？

1. 寻找鼻出血的原因

鼻出血这样的情况虽然比较常见，但是我们也需要找一下原因。要先考虑是不是因为天气的原因，导致鼻黏膜比较干燥而引起的鼻出血。如果是，就可以喷洒水雾到鼻腔中，以缓解婴幼儿鼻出血的状况。

2. 冰敷

可以用冰袋或湿毛巾冷敷前额及颈部，或者用冷水及冰水漱口或口含冰块，用凉毛巾擦脖子，使血管收缩，减少出血。

3. 填充止血法

使用捏紧两侧鼻翼的压迫止血法没有缓解出血症状时，可以改用填充止血法。主要做法是将脱脂棉塞进婴幼儿的鼻腔内进行压迫，从而达到止血的效果。注意在塞的时候不能过于用力，以免对婴幼儿的鼻腔造成不必要的伤害。

场景五：骨折、关节脱位、肌肉损伤的应急处理

【情景导入】

情景：自由活动时，强强和曼曼因小事打了一架。事后，曼曼轻轻抽泣，说她的手臂有点疼。王老师仔细查看了一下，发现没有伤口，抬手也没有问题，就没在意，教育了两位小朋友就让他们去玩了。到了晚上，王老师接到园长的电话，说曼曼的关节脱位了，家长已经将小朋友送去医院治疗。家长还指出，幼儿园方面存在严重失职，没有及时将孩子的情况告知家长，老师也没有相对专业的能力，对事件处理不当。

思考：婴幼儿发生骨折、关节脱位、肌肉损伤时应如何处理？

【学习目标】

1．了解婴幼儿骨折、关节脱位、肌肉损伤的症状。

2．能初步评估婴幼儿骨折、关节脱位、肌肉损伤的危害程度，实施应急处理方案。

3．了解及时、规范的救助对婴幼儿骨折、关节脱位、肌肉损伤的重要意义。

【学习积累】

一、骨折、关节脱位、肌肉损伤概述

骨折、关节脱位、肌肉损伤是婴幼儿常见的意外伤害之一。身体主要由骨骼形成框架，通过关节相连，肌肉附在骨骼上使人体能够正常活动。由于婴幼儿的身体正处于发育阶段，加之在园活动量较大，因此在托幼园所发生骨折、关节脱位、肌肉损伤的概率较高。

（1）骨折是指由于外伤或病理等原因导致骨的完整性和连续性中断。一般将骨折分为开放性骨折和闭合性骨折。开放性骨折是指骨折部位的皮肤或黏膜破裂，骨头断裂处有开放性伤口，骨折处与外界相通，容易导致出血过多引起休克，还有较高的感染风险；闭合性骨折是指骨折部位的皮肤或黏膜完整，骨折处不与外界相通，但容易由于骨头发生错位导致内出血。

（2）关节脱位是指关节在受伤时使骨头部分完全脱离原位。一般来说，1～4岁的幼儿容易在受到外力的拉扯时引发关节脱位。

（3）肌肉损伤。一般婴幼儿发生骨折或关节脱位的时候，骨骼周围的肌肉或韧带也容易受到损伤。

二、骨折、关节脱位、肌肉损伤的应急处理措施

（1）快速观察现场，确保现场环境安全，迅速了解婴幼儿受伤的原因。

（2）请其他教师维持现场秩序，及时联系家长，稳定婴幼儿的情绪。

（3）婴幼儿能自主呼吸且意识正常，伤处为闭合性损伤，有肿胀，建议采取以下四步处理法，并及时送医。

①让婴幼儿选择合适的位置休息，能移动就移动，如果移动会引起婴幼儿疼痛则不强迫移动。

②用装有冰袋的毛巾冷敷，持续时间为 10～20 分钟，每隔两三个小时冷敷一次。

③每次冷敷后用绷带缠绕受伤处加压，以免引起更严重的肿胀。特别注意，只有在对伤口冷敷时才能解开绷带。

④将婴幼儿的伤处抬高至高于心脏的位置，减少血液聚集到伤处，减轻肿胀，但要避免二次伤害。

（4）婴幼儿能自主呼吸且意识正常，伤处为开放性损伤，有出血，建议采取以下四步处理法，并及时送医。

①如果婴幼儿的伤口有少量出血，那处理者须洗净双手，用无菌敷料和绷带加压止血。如果出血量较大，则使用止血带加压止血，每 30 分钟松一次止血带，每次 3～5 分钟，以免肢体坏死，同时在受伤处加压止血。

②控制出血量后，用无菌纱布覆盖住伤口。

③用装有冰袋的毛巾冷敷，持续时间为 10～20 分钟。

④将婴幼儿的受伤部位抬高，减轻婴幼儿的疼痛感和肿胀，但要避免二次伤害。

如果怀疑婴幼儿的受伤部位是颈部、脊柱，则千万不能移动婴幼儿，等待专业人员前来救助。

（5）事后及时了解婴幼儿的健康状况，和婴幼儿的家长详细沟通，做好记录归档工作。

场景六：中暑的应急处理

【情景导入】

情景：某幼儿园的三名幼儿在户外玩耍时出现头晕、口渴、面色发红等中暑症状，幼儿园工作人员紧急将他们送到医院救治。经过抢救，三名幼儿得以平安脱险。经过询问和调查，发现三名幼儿在玩耍时没有及时补水导致中暑。

思考：婴幼儿发生中暑时应如何处理？

【学习目标】

1．掌握婴幼儿中暑的处理步骤和措施。

2．能分析、判断婴幼儿中暑的原因。

3．具备对婴幼儿中暑事件的应急处理能力和安全防护意识。

【学习积累】

一、中暑概述

中暑就是在高温或高湿的环境下，由于自身的体温调节异常造成神经系统的异常。通常，婴幼儿在中暑时会出现头晕、呕吐、烦躁不安等症状。只有掌握中暑的原因，才能运用正确的方法进行治疗。接下来了解一下婴幼儿中暑的原因有哪些。

（1）添加衣服。家长总是会担心婴幼儿受凉，所以总是给婴幼儿穿很多衣服。其实这样的行为会使婴幼儿体内的盐分和水分流失，在身体缺失盐分和水分的情况下就很容易发生中暑。

（2）饮水不足。很多婴幼儿都不愿意喝水，在高温的环境下，如果没有及时给婴幼儿补水，就会使其身体调节能力降低，从而容易引起中暑。因此，一定要及时给婴幼儿补水，使其身体中有充足的水分。

（3）活动量太大。好动是孩子的天性，在婴幼儿活动量太大的时候，如果不及时给婴幼儿减衣服，就会导致婴幼儿出很多汗，很容易出现中暑现象。

婴幼儿在中暑之后会烦躁不安、哭闹不停，接着可能发生抽搐或昏迷；活动力变差，食欲减退或呕吐，体温明显升高，甚至可高达 40℃；面色红润，但是没有出汗，皮肤干燥，呼吸及脉搏跳动加快，昏迷，意识不清；严重的中暑可能导致死亡。

二、中暑的应急处理措施

迅速将婴幼儿移至阴凉、通风处，使其平卧休息，为其解开衣扣。给婴幼儿进行物理降温，可用湿毛巾擦拭婴幼儿的全身，也可通过冷毛巾冷敷婴幼儿的额头进行降温。给婴幼儿饮用加糖的淡盐水或清凉饮料，补充因大量出汗而失去的盐分和水分。可用扇子或电风扇吹风帮助婴幼儿散热。若婴幼儿已经失去意识，可先按压其人中、合谷等穴位尽快将其唤醒。在进行以上抢救措施的同时，应及时拨打急救电话，将婴幼儿送往医院就医，以免耽误病情。

场景七：休克的应急处理

【情景导入】

情景：琳琳胆小、害羞，表达能力也不是很好，在幼儿园想小便又不好意思叫老师，加之幼儿园老师没有照顾到孩子的情绪，忽略了孩子的感受，导致琳琳因经常性的憋尿引发休克。

思考：婴幼儿发生休克时应如何处理？

【学习目标】

1．了解婴幼儿休克的症状。

2．能分析、判断婴幼儿休克的原因。

3．具备对婴幼儿休克事件的应急处理能力和安全防护意识。

【学习积累】

一、休克概述

休克是一系列病理、生理变化的临床综合征，如由于各种原因导致有效循环血容量突然减少，引起的血容量不足、代谢异常和器官功能障碍。休克的临床症状表现为：面色苍白、四肢厥冷、呼吸急促或不匀、脉搏细弱、尿量减少、精神萎靡或烦躁不安。休克是严重疾病的一种表现，是生命危险的信号之一。如果没有及时抢救，很快就会危及生命。

二、休克的应急处理措施

应立即拨打急救电话，并迅速让婴幼儿平卧，略抬高其下肢，解开婴幼儿的衣领、裤带，以便静脉血回流。如果婴幼儿出现呼吸困难的症状，则可将其头部和躯干适当抬高，以便呼吸。同时，将婴幼儿的颈部垫高、下颌抬起，使其头部后仰并偏向一侧，保持呼吸道畅通，预防呕吐物误吸入呼吸道。随时检查婴幼儿的脉搏、呼吸和心跳，密切关注婴幼儿的症状变化。及时联系家长，告知对方婴幼儿的情况。

场景八：溺水的应急处理

【情景导入】

情景：某幼儿园内，5 岁的小强在操场水池玩水时不慎落水，因老师未及时救助，导致其窒息死亡。

思考：婴幼儿发生溺水时应如何处理？

【学习目标】

1．掌握婴幼儿溺水的应急处理措施。

2．能识别可能导致婴幼儿溺水的危险区域。

3．对婴幼儿溺水具有一定的安全防护意识。

【学习积累】

一、溺水概述

溺水是指人淹没于水或其他液体中，由于液体、污泥等堵塞呼吸道及肺泡，发生缺氧和窒息。若处于临床死亡状态，则称为溺死；若从水中救出后暂时性窒息，尚有大动脉搏动，则称为近乎溺死。婴幼儿的溺水大多由于入水后受惊、恐惧、水温过低造成的骤然寒冷等强烈的刺激，引起反射性喉头痉挛，以致因呼吸道完全梗阻而缺氧，造成窒息。

轻度溺水表现为吸入或吞入少量液体，血压升高，心率加快，意识清楚，面色基本正常；中度溺水表现为水经呼吸道或消化道进入体内，引起剧烈的咳嗽、呕吐，出现意识模糊、烦躁不安、呼吸不规则、心率减慢；重度溺水表现为昏迷、面色青紫或苍白、呼吸和心跳微弱或停止。

二、溺水的应急处理措施

发现婴幼儿溺水后，应迅速将溺水者从水中救出，然后立即拨打急救电话，在等待救援的同时进行施救。

将溺水婴幼儿从水中救出后，可能遇到以下几种情况。

（1）清醒，有呼吸、有脉搏。陪在婴幼儿身边并注意给他保暖，等待救援人员到来。

（2）昏迷，有呼吸、有脉搏。评估昏迷的婴幼儿，具体方法是，1岁以下轻拍足底，1岁以上轻拍肩膀。如果婴幼儿的口鼻中有淤泥、杂草、泡沫或呕吐物等异物，则应先清理口鼻中的异物，同时检查婴幼儿有无外伤。存在头部或颈部外伤者应避免自行搬动，无外伤者应使其保持侧卧位，等待救援人员到来。在等待的过程中要密切观察婴幼儿的呼吸和脉搏情况，必要时进行心肺复苏。

（3）昏迷，无呼吸、有脉搏。类似假死状态，无呼吸，脉搏微弱濒临停止，此时应清理婴幼儿口鼻中的异物，并进行心肺复苏。恢复呼吸后，保持侧卧位，注意保暖，等待救援人员到来。

（4）昏迷，无呼吸、无脉搏。立刻清理婴幼儿口鼻中的异物，保持呼吸道畅通，进行心肺复苏，并持续到婴幼儿呼吸、脉搏恢复或救援人员到达。

场景九：触电的应急处理

【情景导入】

情景：某地一6岁幼儿一早进了幼儿园，没想到几小时后，家长突然接到孩子死亡的噩耗。经警方初步调查，孩子系在幼儿园触电身亡。

思考：婴幼儿发生触电时应如何处理？

【学习目标】

1. 掌握婴幼儿触电的处理步骤和措施。

2. 能分析、判断婴幼儿触电的原因。

3. 具备对婴幼儿触电事件的应急处理能力和安全防护意识。

【学习积累】

一、触电概述

触电，又称电击伤，当人体某两处同时接触两个不同电位的电极，电流快速经过人体组织，造成人体结构破坏或功能紊乱时，触电就发生了。婴幼儿触电，多因婴幼儿玩弄电器、插座、开关、电线，无意接触不安全的电气设备，或者雷雨时被雷电所击而致。婴幼儿触电是日常生活中比较常见的意外伤害。

触电的症状有很多，触电的伤害时间、电流强度、电压高低等不同，伤害程度也不同。轻微的触电会使婴幼儿出现受惊、呆滞、面色苍白、头晕、皮肤灼伤处疼痛等症状，严重时可导致昏迷、休克、心搏骤停，甚至死亡。

二、触电的应急处理措施

第一步：切断电源。

迅速使触电的婴幼儿脱离电源。施救者应立即拉闸、关闭电源开关或拔掉插座，切断电源。如果一下子找不到电源开关，也可以找绝缘的物品，在不接触婴幼儿的情况下，把和婴幼儿接触的有电物品挑开，使婴幼儿脱离电源。

注意：以上是家用 220 伏电压的处理措施。如果是高压电，则不能轻易靠近，应通知有关电力部门，关闭电源后再进行现场抢救。

第二步：判断受伤婴幼儿是否存在意识和自主呼吸。

可以轻拍婴幼儿的肩膀或足底，并呼唤婴幼儿，以判断其意识反应，同时观察婴幼儿胸腹部的呼吸情况。观察 5～10 秒后，若发现婴幼儿既无反应也无呼吸动作，则应马上拨打急救电话，并立即就地抢救，及时进行心肺复苏。

除了以上应急处理措施，在日常生活中，还要注意多加防范，防患于未然。预防措施如下。

1. 开展安全用电教育

托幼园所和家长要重视安全用电教育，形成合力，把安全用电教育落到实处，组织婴幼儿观看各种用电安全或触电事故的教育视频。

2. 谨慎选购电源插座

在选购电源插座时，要尽量选择带有多重开关并带保险装置的合格产品。

3. 注意铁丝、刀剪的摆放位置

将铁丝、刀剪等可以导电的物品放到婴幼儿不易够到的地方，不要把毛巾、衣物等搭在电线上。

4. 婴幼儿房内的电器不宜过多

婴幼儿房内的电器不宜过多，尤其是年龄较小的婴幼儿房内，电器更不宜过多。应避免使用落地电器，防止婴幼儿被绊倒后发生触电事故。

5. 防止电线受潮或破损

若电灯或其他家用电器的电线受潮或破损，要及时检修或更换。为保险起见，应将电源插头用绝缘胶布等固定。

6. 注意电源插头、插座的摆放位置

无论何种设计的电源插头、插座，都要放置于婴幼儿摸不到、够不着的地方。

7. 远离电线杆

叮嘱较大的幼儿不要爬电线杆，也不要在有电线的地方放风筝。

8. 打雷或闪电时的防范

打雷或闪电时，要避免婴幼儿接触插座、电器和金属物品，如自来水管等，并且要将收音机、电视机关上。

场景十：动物咬伤、蜇伤的应急处理

【情景导入】

情景：在厦门，一名 5 岁男童被水母蜇伤后出现过敏症状，包括大面积红疹、疼痛难忍、呼吸不畅，甚至昏厥。医生诊断为水母皮炎，并提醒家长在带孩子去海边游玩时警惕被水母蜇伤。

思考：婴幼儿被动物咬伤、蜇伤时应如何处理？

【学习目标】

1. 了解常见的动物咬伤、蜇伤类型。

2. 掌握婴幼儿被动物咬伤、蜇伤后的处理步骤和措施。

3. 能对被动物咬伤、蜇伤的婴幼儿进行应急处理。

4. 具备教育婴幼儿正确与动物相处的能力。

【学习积累】

一、动物咬伤、蜇伤概述

最常见的动物咬伤来自猫狗和其他家庭宠物，较少见的是蛇咬伤。在户外活动的婴幼儿，也有被蜂、蝎等蜇伤的情况。

婴幼儿天生喜欢小动物，看见可爱的小动物，总会忍不住靠近或用手触摸，因此被动物咬伤、蜇伤的情况时有发生。最常见的是被猫狗咬伤、抓伤，留下咬、抓的痕迹；蚊虫叮咬会留下类似荨麻疹样的伤迹，即皮肤在发红的基础上出现白色中心，很痒，但三四个小时内局部反应及疼痛便消失。被来自家庭宠物中的普通跳蚤咬伤后也会留下发痒的伤迹。

不管是什么昆虫引起的蜇伤，大多数只引起局部反应及疼痛，极少情况下，蜇伤会引起严重的过敏反应，甚至造成休克。被蜜蜂及黄蜂蜇叮后，会在皮肤上形成刺痕，蜜蜂会留下刺，黄蜂则很少留下刺。

蜇伤很少造成严重问题，但如果引起过敏反应，严重水肿则可导致丧失知觉。如果水肿发生于口腔或咽喉，则可能引起呼吸困难。如果婴幼儿被许多昆虫蜇叮，大量毒液进入体内，那在这种情况下，应按照急症处理。

二、动物咬伤、蜇伤的应急处理措施

（一）猫狗咬伤、抓伤

婴幼儿被猫狗咬伤、抓伤后，可采取以下步骤进行处理。

1. 安抚情绪

安抚婴幼儿的情绪，教育婴幼儿正确与猫狗相处。

2. 彻底冲洗伤口

婴幼儿被猫狗咬伤、抓伤后，如果没有明显出血，则先使用 20%的肥皂水（或者其他弱碱性清洁剂）和流动的清水彻底冲洗所有咬伤、抓伤处，冲洗时间至少 20 分钟。如果有出血，在清洗伤口之后，可用一块干净的毛巾或纱布按压伤口止血。

3. 消毒伤口

用 2%～3%的碘伏或 75%的酒精涂擦伤口，尽可能清除伤口内的淤血、凝血块等可能被狂犬病毒感染的组织。

4. 包扎伤口

对轻微的伤口或未伤及大血管的伤口不用包扎，伤口较大或受伤严重时立刻送医。

5. 接种狂犬病疫苗

对于是否需要接种狂犬病疫苗，需要请医生进行判断。如果需要接种疫苗，原则是越早越好。

（二）其他动物咬伤、蜇伤

除了猫狗咬伤、抓伤，其他动物咬伤、蜇伤的类型及处理步骤如下。

1. 蛇咬伤

无论能否判断蛇是否有毒，施救者都要及时帮助婴幼儿脱离危险环境，让婴幼儿席地而坐，稳定其情绪，不能让其乱动肢体，避免因血液循环加速而加快毒素的吸收。尽快对伤口进行处理，先在距伤口上方 5 厘米处捆扎好，以阻断静脉血和淋巴回流，阻止毒素扩散；接着对伤口排毒，用手从伤口上方向伤口处反复推挤，并用大量清水清洗伤口，处理完后尽快送医院做进一步治疗。

2. 蚊虫叮咬

婴幼儿被蚊虫叮咬后，可以用盐水或冰水敷一会，缓解瘙痒的程度，或者在叮咬的部位涂抹清凉止痒剂、炉甘石洗剂等。如果婴幼儿被蚊虫叮咬后症状持续不退，要尽快送医院治疗。

3. 蜂类蜇伤

（1）拔刺。婴幼儿被蜂类蜇伤后，如果有毒刺留在婴幼儿的皮肤内，则可用镊子轻压毒刺附近部位，使毒刺露出较长部分，再用另一个镊子将毒刺拔出，或者用指甲刀将毒刺取出。

（2）中和蜂毒。黄蜂、马蜂的毒液呈碱性，可在蜇伤部位用食醋等酸性溶液涂抹于伤处；蜜蜂的毒液呈酸性，蜇伤后可用肥皂水、氨水或小苏打等碱性溶液冲洗伤口。

（3）局部止痛。用毛巾浸透冷水或包裹冰块冷敷伤口，以减轻红肿和痛痒的症状。

（4）及时送医。如果被群蜂蜇伤，或者有严重的全身红肿症状，则必须及时送医院治疗。

4. 蜈蚣咬伤

（1）蜈蚣的毒液呈酸性，婴幼儿被蜈蚣咬伤后，应立即用肥皂水、氨水或小苏打等碱性溶液冲洗伤口。

（2）当红肿显著、疼痛剧烈时，可实施冷敷，并及时送医院治疗。

场景十一：踩踏事件的应急处理

【情景导入】

情景：某幼儿园组织全园的集会活动，要求所有班级在下午 3 点到达操场。因为突然下雨，操场上的老师组织先到达的小班和中班幼儿又返回教室。在二楼和三楼的拐角处，上行的中班幼儿和下行的大班带椅子的幼儿发生了碰撞，中班的幼儿桐桐摔倒了。

旁边的幼儿纷纷惊叫起来："倒了！倒了！"幼儿们都很好奇，想看看是谁摔倒了。中班的幼儿使劲往上挤，大班的幼儿使劲往下挤，拥挤中又有几名幼儿摔倒了。倒在地上的幼儿不断哭喊，后面受了惊吓的幼儿又踩在摔倒幼儿的身上。这场事故导致 5 名幼儿的头部、手肘被踩伤……

思考：幼儿发生踩踏事件时应如何处理？

【学习目标】

1．知道在托幼园所踩踏事件中逃生和自救的知识。

2．能发现托幼园所中存在的安全隐患，分析踩踏事件发生的常见原因。

3．具备在踩踏事件中对幼儿进行安全疏散、应急处理的职业能力。

【学习积累】

一、踩踏事件概述

踩踏事件是指在相对狭小的空间短时间内聚集了大量人员，在第三方因素的影响下，造成人员无序移动，在移动过程中有人员受伤或死亡的事件。这里的踩踏事件主要发生于 1 岁以上能够独立行走的幼儿中。踩踏事件的发生需要具备三个基本条件：相对狭小的空间、短时间内聚集了大量人员、第三方因素。

托幼园所内相对狭小的空间包括楼道、楼梯、厕所、餐厅、活动教室等；集会、统一活动等会造成幼儿在短时间内聚集；第三方因素包括入园、离园、火灾、地震等导致幼儿移动的因素。

二、踩踏事件的应急处理措施

（1）及时向幼儿发出警报。保教人员发现人群拥挤或恐慌，出现踩踏征兆时，立即向前进的幼儿发出停止信号，吹响警哨命令全体幼儿停止动作，保持安静并原地不动。同时，命令后面的幼儿冷静而有序地后退。

（2）阻挡队伍，设置前进障碍。位于人群中间的保教人员要让身体保持在队伍的固定位置，站稳脚跟并伸开双手阻挡后面被挤倒前倾或个别继续前进的幼儿。

（3）及时报告园所领导。保教人员在稳定好前进队伍的同时，打电话或用对讲机向园所领导报告情况，由园所领导启动园所安全应急预案。

（4）及时实施救援。园所领导根据实际情况采取进一步的应急处理措施。如果发生较为严重的踩踏事件，则由园所领导负责救援指挥，按照应急预案，各就各位，立即组织救援行动。

（5）组织幼儿紧急疏散。发生人群拥挤状况后，中间保教人员在队伍中间阻挡前进幼儿，组织队伍中的全体幼儿静止不动。外围保教人员迅速赶来组织幼儿有序撤离危险区域，将幼儿疏散到最近的安全位置，并快速准确地清点人数。同时，安抚幼儿的情绪，组织幼儿进入正常学习或活动状态。

（6）组织医务人员对被踩伤的幼儿进行医疗救助。踩踏事件的伤者大多因呼吸道受到挤压，造成机械性窒息，或者因踩踏而导致软组织或骨骼损伤，造成死亡。这就要求托幼园所的应急队伍掌握必要的医疗救护知识，如人工心肺复苏、骨折救护等，及时实施初步医疗救护，挽救危重幼儿的生命。幼儿受伤较为严重时，园所领导应立即向附近的医疗机构发出医疗求援，并拨打急救电话，及时将受伤人员送到医院抢救，主动向医务人员报告受伤情况，做好秩序维护等工作。

场景十二：火灾事故的应急处理

【情景导入】

情景：杨老师在幼儿午休时点燃了三盘蚊香，分别放置在床铺之间南北方向三条通道的地板上，然后离开寝室去办公室处理文件。15分钟后，杨老师在巡逻时发现有几床幼儿的棉被起火，赶紧跑到走廊呼救。此时，寝室内的烟火已经很大，随后赶来的幼儿园工作人员用脸盆盛水灭火，同时使用室内消火栓扑救。火灾造成13名幼儿受轻伤，烧毁壁挂式空调、儿童睡床和床上用品若干。

思考：婴幼儿遇到火灾事故时应如何处理？

【学习目标】

1．知道在托幼园所火灾事故中逃生和自救的知识。

2．能运用正确的火灾事故应急处理措施对婴幼儿进行应急处理。

3．具备在火灾事故中对婴幼儿进行安全疏散、应急处理的职业能力。

【学习积累】

一、火灾事故概述

火和火灾是不同的概念，火灾是指在时间或空间上失去控制的燃烧。在各种灾害中，火灾是最普遍、最常发生的危害公共安全和社会发展的主要灾害之一。校园火灾是威胁校园安全的重要因素。托幼园所是婴幼儿高度密集的地方，火灾事故容易发生在婴幼儿就寝、就餐、游戏等环境中。另外，婴幼儿的年龄较小，即使发现起火了，但由于自我控制能力较差，遇事容易惊慌失措，会导致场面混乱。在无组织、无目的的逃生中，相互拥挤还可能导致踩踏事件发生，加剧火灾事故的危害。绝大多数火灾都是人为原因造成的，加强预防火灾事故的教育，可以有效避免火灾，保护婴幼儿的生命安全，避免对婴幼儿造成不必要的伤害。

二、火灾事故的应急处理措施

火灾猛于虎，为了有效降低火灾事故对婴幼儿身心发展造成的巨大伤害，托幼园所务必事先制定详细可行的火灾应急预案，并定期组织师幼开展火灾疏散演练，帮助保教人员熟悉火灾应急预案的流程，掌握火灾紧急救援技能，避免人员伤亡和财产损失。在发生火灾事故后，应尽可能用最短的时间处理最紧迫的灾情，确保师幼的生命安全。具体可以参考以下几步。

（1）触发火灾警报。保教人员在发现有起火现象时需要第一时间发出火灾警报信号，园所领导听到警报声后即刻启动火灾应急预案。同时，命令全体婴幼儿停止动作，保持安静并原地不动，等候指令。

（2）初期灭火。如果火势较小，则发现火源的保教人员应立即判断起火的原因并采取相应的灭火措施。如果是火源燃烧起火，则应使用附近的消火栓灭火；如果是电器短路引起失火，则应立即关闭电源，再使用附近的消火栓灭火。如果火势较大，或者自行灭火无法遏制火势，则应立即拨打 119 寻求帮助，并提供基本信息，方便消防员开展救援工作，同时确保通信联络畅通。

（3）组织婴幼儿紧急疏散。发生火灾后，保教人员要组织婴幼儿有序撤离危险区域，将婴幼儿疏散到最近的安全地带。指导或帮助婴幼儿用湿毛巾捂住口鼻，并按照平时疏散演练的路线撤退。对于年龄稍小的婴儿，应确保每位保教人员抱起一个；对于年龄稍大的幼儿，应指导其自行撤退。通过烟雾区时，应提醒年龄稍大的幼儿弯腰前行，如遇大火则应要求幼儿卧倒并用湿毛巾包住头部匍匐通过。到达安全地带后，保教人员要快速准确地清点人数，同时安抚婴幼儿的情绪，组织婴幼儿进行较为安静的学习或活动，确保婴幼儿的人身安全和情绪稳定。

（4）组织医务人员救助被烧伤的婴幼儿。负责医疗救助的人员要尽快确认师幼的受伤情况。火灾事故的伤亡原因大多是肢体烧伤，或者燃烧产生的有毒气体侵入体内导致中毒、呼吸停止等。保教人员要掌握必要的医疗救护知识，如烧伤的处理方式和人工心肺复苏等，及时进行医疗救护，保障婴幼儿的生命健康。伤情较为严重时要及时拨打急救电话，将受伤人员送到医院抢救，同时向医务人员报告受伤原因，做好秩序维护等工作。

任务二　婴幼儿常见疾病的防护

场景一：鹅口疮的防护

【情景导入】

情景：9个月大的明明是一个活泼可爱的小男孩。最近，妈妈发现明明经常烦躁不安、啼哭、哺乳困难，有时伴有轻度发热，口腔内出现了一些白色的斑点。经过咨询医生，得知这是婴幼儿常见的鹅口疮。

思考：婴幼儿得鹅口疮时应如何处理？

【学习目标】

1. 熟悉鹅口疮的症状。

2．能分析、判断婴幼儿得鹅口疮的原因。

3．能做好婴幼儿鹅口疮的防护。

【学习积累】

一、鹅口疮概述

鹅口疮，通常叫鹅口、鹅口疳、鹅口白疮等，是婴幼儿的一种常见口腔疾病。因为这种疾病常常在口腔里产生白色的假膜，有时这种假膜白得像雪一样，所以又称雪口病。鹅口疮是由白色念珠菌感染引起的，表现为在黏膜表面形成白色斑膜；这种真菌有时也可在正常口腔中找到。当婴幼儿营养不良、口腔不洁或身体衰弱时就会发病，此病也可发生在体弱的成年人中。新生儿多由产道感染，或因哺乳者奶头不洁、喂养者手指污染而传播。婴幼儿患上鹅口疮后，通常会感到口腔不适，有时会感到疼痛，多半婴幼儿会因此吃奶减少，造成营养摄入不足，出现营养缺乏症。

二、鹅口疮的防护措施

鹅口疮的防护措施主要如下。

（1）做好婴幼儿的用具清洁工作。鹅口疮是由口腔内白色念珠菌感染导致的，因此婴幼儿的用具，如奶瓶、奶嘴、玩具等每天都要做好清洁工作。

（2）使用药物。如果婴幼儿患上鹅口疮，则可以使用碳酸氢钠溶液清洗口腔，防止白色念珠菌生长和繁殖。同时，将制霉菌素用水溶解后，用干净的棉签蘸取涂抹在婴幼儿患处，防止口腔感染。如果患儿的病情比较严重，则需要在医生的指导下使用抗真菌的药物。

（3）及时清理口腔。如果婴幼儿患上鹅口疮，则在每次喂奶或喂食后，应及时给患儿喂一些温水，起到清洁口腔、防止感染的作用。

场景二：缺钙的防护

【情景导入】

情景：小悦 1 岁半了，最近妈妈发现小悦的睡眠不太安稳，经常夜间惊醒，而且食欲也有所下降。经过与儿科医生沟通，妈妈了解到这可能是缺钙的表现。

思考：婴幼儿缺钙时应如何处理？

【学习目标】

1. 熟悉缺钙的症状。

2. 能分析、判断婴幼儿缺钙的原因。

3. 能做好婴幼儿缺钙的防护。

【学习积累】

一、缺钙概述

婴幼儿缺钙时，会出现多种症状，如烦躁不安、不容易入睡、易惊醒、出汗多、头发黄且稀疏等；但是仅靠症状来判定是不科学的，最准确的方法是到医院检测钙的含量，如膳食钙、血清钙、尿钙及骨密度的测定等。在确定婴幼儿缺钙后，应多听医生或营养师等专业人士的意见，他们会根据婴幼儿的身体、饮食等状况提供较为准确的补钙建议。需要注意的是，补钙期间应定期去医院测定血清钙的含量，避免盲目补钙，造成不良后果。

二、缺钙的防护措施

1. 运动补钙

皮肤受阳光照射后会合成维生素 D 供人体利用，因此要坚持让婴幼儿参加户外活动，每天半小时到一小时。即使在冬季，只要没有风，早晨 9 点以后也可到室外晒太阳。如果在室内晒太阳，就一定要把窗户打开，因为玻璃会阻挡紫外线的穿透。

2. 饮食补钙

俗话说"药补不如食补"，这里介绍一些富含钙的食品。

（1）乳类与乳制品：牛、羊、马奶及其奶粉，乳酪，酸奶，炼乳等。

（2）鱼虾蟹类与海产品：鲫鱼、鲤鱼、鲢鱼、泥鳅、虾、虾米、虾皮、螃蟹、海带、紫菜、蛤蜊、海参、田螺等。

（3）肉类与禽蛋：羊肉、猪肉、鸡肉、鸡蛋、鸭蛋、鹌鹑蛋、松花蛋、猪肉松等。

（4）豆类与豆制品：黄豆、毛豆、扁豆、蚕豆、豆腐、豆腐干（100g豆腐干可补充200mg钙）、豆腐皮、豆腐乳等。

（5）蔬菜类：芹菜、油菜、胡萝卜、芝麻、香菜、雪里蕻、黑木耳、蘑菇等。

（6）水果与干果类：柠檬、枇杷、苹果、黑枣、杏脯、桃脯、山楂、葡萄干、胡桃、西瓜子、南瓜子、花生、莲子等。

场景三：手足口病的防护

【情景导入】

情景：一天下午，乐乐从幼儿园回家后，妈妈发现他的手掌和脚底出现了一些小红点，起初以为是蚊子咬的，没有太在意。晚上，乐乐的嘴巴周围也长出了类似的小疱疹，并且开始出现轻微的发热症状。

思考：婴幼儿得手足口病时应如何处理？

【学习目标】

1．熟悉手足口病的症状。

2．能分析、判断婴幼儿得手足口病的原因。

3．能做好婴幼儿手足口病的防护。

【学习积累】

一、手足口病概述

婴幼儿开始不爱吃饭，烦躁不安，爱发脾气，甚至有些年龄小的婴幼儿口角又出现了多日不见的口水，总也擦不净。细心的父母在婴幼儿的手足心、指趾间发现针尖或米粒大小的红疹，这是痱子还是过敏，是被虫咬的还是疱疹？

其实这种"四不像"疹是手足口病，这是一种由多种肠道病毒引起的传染病，主要侵犯5岁以下婴幼儿，发病部位多为手、足、口、臀。由于发出来的疹子不像蚊虫疹，不像药物疹，不像口唇牙龈疱疹，不像水痘，所以又称"四不像"疹。

手足口病的发病过程如下。

（1）出疹期：表现为发热，手、足、口、臀等部位出现皮疹或疱疹，伴有咳嗽、流涕、食欲不振等症状。皮疹或疱疹通常不痛不痒，但部分患儿可能因口腔疱疹而感到疼痛。

（2）神经系统受累期：多发生在病程 1～5 天内，表现为精神差、嗜睡、头痛、呕吐、烦躁、肢体抖动、肌无力等症状。

（3）心肺功能衰竭前期：多发生在病程 5 天内，表现为心率和呼吸加快、出冷汗、四肢末梢发凉、血压升高等症状。

（4）恢复期：体温逐渐恢复正常，神经系统受累症状减轻，心肺功能逐渐恢复。

手足口病的并发症如下。

（1）某些重症患儿可能并发脑膜炎、脑炎、急性弛缓性麻痹、呼吸道感染和心肌炎等。

（2）少数极度重症患儿的病情进展快，死亡风险高。

手足口病的传播方式如下。

（1）主要包括粪/口途径、呼吸道传播和接触传播。

（2）患者和隐性感染者均为传染源，病毒可通过患者的鼻咽分泌物、疱疹液、粪便等传播。

（3）病毒可停留在物品上，接触患者污染的物品也可能造成感染。

手足口病的潜伏期与病程如下。

（1）潜伏期为 2～10 天，平均 3～5 天。

（2）整个病程通常为 7～10 天，但重症患儿可能需要更长的时间来恢复。

二、手足口病的防护措施

（1）鼓励患儿多喝水，因为完全拒绝吃喝可能引起脱水。酸、咸或辛辣的食物会让溃疡处疼痛，应该避免。软、凉的食物比较好吞咽，可以适当让患儿吃一些布丁、冰激凌、棒冰等。吃完东西后应鼓励患儿用温水漱口。

（2）患儿的衣服、被褥要经常清洁，衣着应宽大、柔软，经常更换，床铺应平整干燥。剪短患儿的指甲，必要时包裹患儿的双手，防止其抓破皮疹。对于臀部有皮疹的患儿，应随时清理其大小便，保持臀部清洁干燥。

（3）患儿使用的日常用品、食具等应进行消毒处理。

场景四：积食的防护

【情景导入】

情景：傍晚时分，小宝和奶奶一起在小区里玩耍，回家后奶奶心疼孙子，给他吃了不少水果和零食。晚饭时，小宝依然食欲旺盛，妈妈见他吃得开心，就多喂了几口米饭和菜。

晚上，小宝开始翻来覆去，睡不安稳，偶尔还会发出哼哼唧唧的声音，似乎有些难受。妈妈察觉到异常，便起来查看。她发现小宝的肚子鼓鼓的，用手轻轻按压，小宝似乎有些不舒服，妈妈意识到小宝可能是积食了。

思考：婴幼儿积食时应如何处理？

【学习目标】

1．了解积食的症状。

2．能分析、判断婴幼儿积食的原因。

3．能做好婴幼儿积食的防护。

【学习积累】

一、积食概述

婴幼儿吃的东西较杂可能积食，导致消化功能紊乱，如红薯和花生、红薯和鸡蛋、冷热食物混合吃，尤其是先吃热食后吃冷食，更容易造成胃内"打架"。吃过多油腻的食物后腹部受凉，也是导致胃肠功能失调的原因。

积食不是小问题，它会增加婴幼儿肠、胃、肾脏的负担，还可能给这些脏器带来疾病，所以家长要注意。

积食的症状如下。

（1）患儿在睡眠中身子不停翻动，有时还会磨牙。所谓食不好，睡不安。

（2）患儿最近很好的胃口又变小了，食欲明显不振。

（3）稍大些的患儿常说自己肚子胀、疼。

（4）可以发现患儿鼻梁两侧发青、舌苔白且厚，还能闻到呼出的口气中有酸腐味。

如果婴幼儿有上述症状，就是积食的表现。积食会引发恶心、呕吐、食欲不振、厌食、腹胀、腹痛、口臭、手足发热、面色发黄、精神萎靡等症状。

二、积食的防护措施

1. 按摩疗法

1）捏脊

让患儿面朝下平卧，以两手的拇指、食指和中指捏其脊柱两侧，随捏随按，先由下而上，再由上而下，捏3～5遍，每晚一次。

2）揉中脘

肚脐与胸剑连线的1/2处，即中脘穴。用食指或中指指尖按揉中脘穴，或者用掌根旋转按揉，持续3～5分钟，每日两次。

3）按涌泉

涌泉穴位于婴幼儿足底部，第二、三趾趾缝纹头端与足跟连线的前1/3处。婴幼儿的肌肤娇嫩，在按摩时应使用轻柔的手法，避免用力过大造成损伤。可以用拇指指腹轻按或推拿涌泉穴，力度以婴幼儿感到舒适为宜，按摩的时间控制在3～5分钟，每日1～2次。

2. 运动疗法

1）户外活动

坚持让婴幼儿做户外活动。天气冷的话，可选择太阳大、风小的时候，每天让婴幼儿出去活动半小时到一小时。

2）饭后散步

吃完饭后，带着婴幼儿温和地散步半小时到一小时。

场景五：水痘的防护

【情景导入】

情景：周末早晨，妈妈发现1岁8个月的宝宝身上出现了几个小红点，起初以为是蚊虫叮咬的，没有太在意。但随着时间的推移，红点逐渐增多，并出现了水疱，同时宝宝的体温也开始上升。妈妈发现宝宝的情况不对，立即上网搜索相关信息，发现宝宝的症状与水痘类似。妈妈迅速给宝宝穿上长袖衣物，避免水疱受到摩擦，并立即前往医院就医。

思考：婴幼儿得水痘时应如何处理？

【学习目标】

1. 了解水痘的症状。

2. 能分析、判断婴幼儿得水痘的原因。

3. 具备处理婴幼儿水痘的能力。

【学习积累】

一、水痘概述

水痘是一种常见的出疹性传染病，由水痘病毒引起，主要通过呼吸道传染和接触传染。只要接触了被水痘病毒污染过的食具、玩具、被褥及毛巾等物品就有可能被感染，因此水痘容易在托幼园所大面积流行。一般来说，出现了第一个得水痘的婴幼儿，过不了一个星期，同一个班里肯定出现第二个。

对于水痘，绝大多数患儿的病情比较轻微，从出水痘至结痂再到全部脱落，历时 2～3 周。但也有少数患儿可能出现肺炎、心肌炎或脑炎等并发症，有一定的危险性。需要注意的是，如果婴幼儿正在使用肾上腺皮质激素治疗其他疾病，或者患有湿疹等皮肤病，则更要避免与水痘患儿接触。因为如果这些婴幼儿患上水痘，那病情会更加严重。

水痘发病时会出现感冒样症状，如流涕、打喷嚏、咳嗽和发热等，在发热的同时或在其后一两天出现皮疹。也有许多患儿并不发热，骤然出现皮疹。

皮疹先出现在头部和躯干，逐渐蔓延到四肢。开始出的是红色小丘疹，1～2 天变成椭圆形、绿豆大小的水疱，水疱周围呈淡红色，3～4 天疱疹干缩结痂，1～2 周痂皮脱落。痂盖较浅，不留瘢痕。因皮疹是在发病后一批批陆续出现的，所以在患儿皮肤上可见到丘疹、疱疹、痂皮同时存在，这是水痘的特点。

二、水痘的防护措施

1. 隔离

患了水痘的婴幼儿一经确诊，一定要立即隔离直至其疱疹全部结痂。虽然水痘的症状较轻，一般都能顺利康复，但它的传染性很强，要尽可能避免健康婴幼儿与患水痘的婴幼儿接触。

2. 不要抓破疱疹

要看护患儿不要用手去抓疱疹，特别是注意不要抓破面部的疱疹，以免疱疹被抓破化脓感染；若病变损伤较深，则有可能留下瘢痕。

为了防止患儿用手去抓疱疹，要把患儿的指甲剪短，保持手部清洁。可缝制一副毛边向外的手套，戴在患儿的手上。最好与患儿寸步不离，时刻注意不要让患儿用手抓。若疱疹破了可用碘伏消毒，如有化脓可抹抗生素软膏。

3. 注意观察病情发展

个别水痘患儿会合并出现肺炎、心肌炎或脑炎。如果发现患儿高热不退、咳喘、呕吐、头痛、烦躁不安或嗜睡，则应及时送医院就医。

场景六：喉梗阻的防护

【情景导入】

情景：傍晚，1 岁 5 个月的东东在玩耍时突然开始咳嗽，声音略显嘶哑。起初，妈妈以为东东只是普通的喉咙干燥，便给他喝了一些温水。然而，不久后，东东的咳嗽变得更加频繁，且呼吸困难，呼吸声也变得尖锐刺耳。

思考：婴幼儿得喉梗阻时应如何处理？

【学习目标】

1. 熟悉喉梗阻的症状。

2. 能分析、判断婴幼儿得喉梗阻的原因。

3. 能做好婴幼儿喉梗阻的防护。

【学习积累】

一、喉梗阻概述

喉梗阻又名喉阻塞，它不是一种独立的疾病，而是由喉部及其周围邻近组织的病变而引起的以吸气期呼吸困难为特征的综合征。引起喉梗阻的原因有很多：①喉部急性炎症，特别是婴幼儿的喉腔狭窄，声门下腔的黏膜下组织疏松，易于水肿；②异物嵌顿；③外伤损害；④肿瘤；⑤先天性畸形或瘢痕狭窄；⑥两侧声带麻痹及喉痉挛等。

喉梗阻的症状如下。

（1）呼吸困难：这是喉梗阻最典型的症状。患儿的喉部肿胀或狭窄，导致气道受压，使空气进出肺部变得困难，进而出现呼吸困难的情况。这种呼吸困难可能在吸气时更加明显，并且可能伴有胸闷、憋气、喘息和呼吸急促等症状。

（2）吸气性喉鸣音：由于喉腔狭窄，因此气体通过狭窄的喉腔时会产生喉鸣音。这种声音通常在深呼吸时更加明显，尤其是在婴幼儿烦躁哭闹的时候，严重时还会导致窒息。

（3）声嘶：喉梗阻会导致声带受损，进而出现声音嘶哑的情况。这可能是由于喉部的炎症刺激，引起声带充血、水肿，甚至有声带息肉、小结等。声嘶可能表现为持续性的嗓音改变，严重时甚至无法发声。

（4）犬吠样咳嗽：由于喉腔狭窄，气体无法正常通过，因此可能导致患儿出现犬吠样咳嗽的症状。这种咳嗽通常是阵发性的，比较剧烈，但并没有规律。喉梗阻缓解之后，咳嗽也会逐渐缓解。

（5）喂养困难：喉梗阻会直接影响吞咽功能，导致食物难以通过食管进入胃中，造成喂养困难。这可能表现为患儿在进食时出现呛奶、呕吐等情况。

（6）发绀：当呼吸困难加剧到一定程度时，患儿血液中的氧气含量降低，而去氧血红蛋白增加，就会形成高铁血红蛋白血症；此时会出现皮肤和嘴唇青紫的现象，典型表现为嘴唇、指甲床等末梢部位变成蓝色或紫色。

二、喉梗阻的防护措施

（1）避免异物吸入：在日常生活中，不要给婴幼儿吃颗粒比较大的食物，避免堵住婴幼儿的咽喉。在婴幼儿吃东西时，一定不要逗婴幼儿笑，或者让婴幼儿做幅度比较大的动作，防止其呛着。

（2）预防疾病：预防婴幼儿患上其他可能引起喉梗阻的疾病，如会厌炎、急性喉炎等。如果有相关的疫苗，则建议带婴幼儿去接种。适当加强婴幼儿的锻炼，同时避免婴幼儿着凉。

（3）保持口腔卫生：防止婴幼儿的喉部感染，注意婴幼儿的口腔卫生，避免婴幼儿与他人共用餐具、毛巾等，改变婴幼儿的不良习惯。

（4）避免喉部外伤：避免婴幼儿撞伤、烧伤等喉部外伤的发生。

（5）避免接触刺激性物品：避免婴幼儿的喉部接触刺激性气体或化学物品。

（6）积极治疗相关疾病：积极治疗婴幼儿口腔、鼻腔、喉部的急性炎症，以及喉部肿瘤等疾病。

（7）加强对玩具的监管：加强对婴幼儿玩具的监管，避免婴幼儿误食。

（8）避免过敏：避免婴幼儿接触过敏原，以防发生变态反应。

场景七：口水疹的防护

【情景导入】

情景：夏季午后，7个月大的希希正在玩耍，妈妈发现她的下巴和颈部周围长出了一片片红色的小疹子，疹子周围的皮肤有些泛红，而且希希似乎对这片区域感到不适，不时用小手去触摸。

思考：婴幼儿得口水疹时应如何处理？

【学习目标】

1．熟悉口水疹的症状。

2．能分析、判断婴幼儿得口水疹的原因。

3．具备初期病情的防护和处理能力。

【学习积累】

一、口水疹概述

口水疹多是由皮肤经常受潮或异物摩擦等刺激因素引发的，有时可导致皮肤角质层受损。其临床表现为局部皮肤潮红、疼痛、轻度肿胀，好发部位为嘴角等嘴唇边缘，是婴幼儿的常见病症。婴幼儿出现口水疹多是由长牙期常常流口水导致的。

婴幼儿口水多的诱发因素如下。

（1）口水疹多在长牙期出现，通常在 6 个月之后。原因主要是长牙时会对神经产生刺激，进而使口水分泌加速，导致口水易从口腔内流出。

（2）当婴幼儿从卧位转换成坐位或站位时，口水易从口腔内流出。

（3）未长牙的婴儿的口腔小、口底浅且无牙齿阻挡，又不会控制口腔内的口水，导致口水易从口腔内流出。

（4）婴幼儿的吞咽功能较差，不能很好地借助吞咽反射来吞下口水，导致口水易从口腔内流出。

如果婴幼儿是因为上述因素而引起的流口水，则属于正常生理现象，不需要治疗。

二、口水疹的防护措施

1．擦拭口水，清洁皮肤，涂抹润肤露

由于唾液偏酸性，且含有一些消化酶和其他物质，对皮肤有一定的刺激作用；所以面对经常流口水的婴幼儿，保教人员应当为其擦去嘴边的口水，并用温水洗净，涂上润肤露，以保护下巴和颈部的皮肤。最好给婴幼儿围上围嘴，防止口水弄脏衣服。给婴幼儿擦口水的手帕，要求质地柔软、吸水性好，以棉布为宜，且应经常烫洗。在为其擦口水时不可用力，轻轻将口水擦去即可，以免损伤局部皮肤。

润肤露可以在婴幼儿的皮肤上形成一层油脂膜，避免口水和皮肤直接接触，减少口水疹的发生。可以根据婴幼儿的皮肤状况，一天涂抹多次润肤露，以保护婴幼儿娇嫩的皮肤。

2. 维生素 B_2 护理法

将一粒维生素 B_2 研碎，用棉签蘸取并抹在婴幼儿的嘴唇周围。不用担心婴幼儿吃进去，因为吃一点维生素 B_2 也没关系。

晚上为了巩固疗效，在婴幼儿睡觉前再抹点专治口水疹的护理膏。这只能等婴幼儿睡觉后再抹，因为只有这样婴幼儿才不会舔到。

场景八：脐疝的防护

【情景导入】

情景：一天清晨，妈妈在给 3 个月大的小乐换尿布时，发现小乐的脐部有一个突起的肿块。肿块呈圆形，大小有拇指肚般，表面皮肤颜色正常，但在哭闹时明显增大，安静时则稍微缩小。

思考：婴幼儿得脐疝时应如何处理？

【学习目标】

1．熟悉脐疝的症状。

2．能分析、判断婴幼儿得脐疝的原因。

3．具备初期病情的防护和处理能力。

【学习积累】

一、脐疝概述

脐疝是指腹腔内容物由脐部薄弱区突出的腹外疝。脐位于腹壁正中部，在胚胎发育的过程中，是腹壁最晚闭合的部位。脐部缺少脂肪组织，腹壁最外层的皮肤、筋膜与腹膜直接连在一起，成为腹壁最薄弱的部位，腹腔内容物容易从此部位突出形成脐疝。

婴幼儿出现脐疝很正常，由于其腹部肌肉筋膜没有发育完全，加上腹内压增高，因此容易出现脐疝。在日常照护中，需要保持婴幼儿的大便通畅，尽量避免腹内压增高，平时避免婴幼儿长时间哭闹。可以观察到两岁，一般情况下，脐疝会一点点消失。

二、脐疝的防护措施

在婴儿的脐带脱落后，脐部瘢痕是一种先天性薄弱处，且婴儿时期的两侧腹直肌前后鞘在脐部未合拢，留有缺损，这就形成了脐疝发生的条件。脐疝对婴幼儿来说是有一定影响的，那么婴幼儿得了脐疝怎么治呢？

一般不用通过药物或手术治疗，因为随着婴幼儿年龄的增大，肚脐周围的肌肉发育好了，脐疝就可以自行消失。平时注意别让婴幼儿长时间哭闹，如果婴幼儿的精神状态较佳，则可以为其佩戴婴幼儿专用的脐疝带，或者将一元硬币用棉布包好，轻轻按压在婴幼儿的肚脐处，直至脐部包块消失。

也可以到药店买一些医用透明敷料，一定要是使用时间为 7 天以上的医用贴（医院里打留置针的那种），不是那种用于婴幼儿游泳的透明敷料（使用时间只有几小时）。如果药店没有可以到医院买，准备 20 片左右。在给婴幼儿洗完澡后，用碘伏消毒肚脐，然后在肚脐上放一团医用棉，再贴上医用透明敷料。

场景九：贫血的防护

【情景导入】

情景：近段时间，妈妈发现 10 个月大的洛洛脸色比以往苍白了许多，嘴唇也不够红润。另外，洛洛的活动量也有所减少，经常表现出疲倦和无力的状态，食欲也明显减退。妈妈猜测洛洛可能是贫血了。

思考：婴幼儿贫血时应如何处理？

【学习目标】

1．熟悉贫血的症状。

2．能分析、判断婴幼儿贫血的原因。

3．具备初期病情的防护和处理能力。

【学习积累】

一、贫血概述

贫血是婴幼儿时期比较常见的一种症状，长期贫血可能影响心脏功能及智力发育。婴幼儿贫血多数是由营养不良造成的。贫血患儿会出现面色苍白或萎黄、容易疲劳、抵抗力差等症状。

营养性贫血可分为营养性缺铁性贫血和巨幼红细胞贫血（维生素 B_{12}、叶酸缺乏），下面展开分析。

1. 营养性缺铁性贫血

营养性缺铁性贫血是由于身体内的储铁显著降低，低于正常水平而引起的贫血。营养性缺铁性贫血是所有贫血中最为常见的类型之一，尤见于婴幼儿及生育年龄的妇女中。

缺铁的原因主要有以下几点。

（1）先天储铁不足：可能是在出生之前，从母体中获取的铁含量不足，导致出生后婴幼儿体内的铁过少。

（2）生长发育速度较快：婴幼儿的生长发育速度较快，随着体重的增加，对铁的需求量也会有所增加。

（3）辅食添加不当：在给婴幼儿添加辅食时，如果不注重添加富含铁的食物，就可能造成铁摄入不足。例如，没有添加足够的瘦肉、蔬菜等富含铁的食物。

（4）铁吸收障碍：婴幼儿的铁吸收能力相对较弱，一些因素会影响铁的吸收，如炎症性肠道疾病等。

（5）铁损失增加：婴幼儿的生长发育速度较快，容易出现慢性出血，如鼻出血、牙龈出血等，这些都会增加铁的流失。

（6）遗传因素：有些婴幼儿贫血是由于遗传缺陷造成的，如某些遗传性贫血病。

（7）其他疾病或感染。

2. 巨幼红细胞贫血

由于各种因素影响维生素 B_{12} 和叶酸的摄入与吸收，因此造成巨幼红细胞贫血。维生素

B_{12} 和叶酸在核酸代谢中起辅酶的作用，若缺乏则导致代谢障碍，从而影响原始红细胞的成熟。此类贫血常发生于未加或少加辅食、单纯以母乳或配方奶喂养的婴幼儿，或者反复感染及消化功能紊乱的婴幼儿中。

二、贫血的防护措施

一般情况下，只要合理饮食，婴幼儿就不太会出现贫血的情况。一旦婴幼儿出现贫血的情况，应该先检查贫血程度，再根据医生的意见进行补铁。

轻微的营养性缺铁性贫血可以通过食物调整来补充。在贫血程度比较严重的情况下，需要补充铁剂，并定期检查，了解贫血症状是否得到改善。

预防婴幼儿贫血的措施如下。

（1）做好喂养指导，提倡母乳喂养。

（2）可在婴幼儿食品中加入适量铁剂进行强化。一般在 6 个月后，婴儿体内的铁"存货"已经差不多消耗完，应该及时添加富含铁的辅食。需要强调的是，许多家长认为红枣能很好地补铁，但实际上，红枣等植物性食物中的铁属于非血红素铁，吸收率并不高。婴幼儿补铁的来源，主要是动物肝脏、动物全血、"红肉"等动物性食物。另外，强化铁的婴幼儿食品（如米粉），也是不错的选择。

（3）补充富含维生素 C 的食物，促进铁的吸收。在补铁的同时，也要适当补充新鲜蔬菜和水果等富含维生素 C 的食物，有助于促进铁的吸收。

（4）定期体检。很多问题都是在体检中发现的，注意要定期带婴幼儿体检，若发现婴幼儿贫血，应在医生的指导下用药。

场景十：乳糖不耐受的防护

【情景导入】

情景：航航出生时体重正常，母乳喂养至 6 个月大，随后逐渐添加辅食。在 7 个月大时，妈妈尝试给航航喂食少量婴儿配方奶和一些含乳食品（如米糊混合奶粉）。不久之后，航航开始反复腹泻，大便稀薄且频繁，有时伴有黏液。此外，航航经常表现出腹胀和间歇性哭闹，特别是在进食后。就医后发现，航航患上了乳糖不耐受。

思考：婴幼儿得了乳糖不耐受应如何处理？

【学习目标】

1．熟悉乳糖不耐受的症状。

2．能分析、判断婴幼儿患乳糖不耐受的原因。

3．具备初期病情的防护和处理能力。

【学习积累】

一、乳糖不耐受概述

乳糖是存在于乳和乳制品当中的主要碳水化合物。婴幼儿患乳糖不耐受的原因是其体内缺乏乳糖酶。由于缺乏乳糖酶，人吃进去的乳糖就不能被分解成单糖（葡萄糖和半乳糖）吸收入体内，从而导致出现腹痛、腹胀等一系列症状。这样的病症，我们称之为乳糖消化不良和吸收不良。

人吃进去的乳糖在进入结肠时，可以被细菌发酵而生成一些短链有机酸（如醋酸、丙酸和丁酸等），以及甲烷、二氧化碳等气体。在人体内，乳糖发酵的过程还会引起腹痛、肠鸣、腹泻等一系列症状。这一现象，在医学上就称为乳糖不耐受。

在医学上，乳糖酶缺乏可以分为以下三种类型。

（1）先天性乳糖酶缺乏。这种情况是由某些人机体染色体上的隐性基因所致的。一般来说，这种情况在临床上比较少见。

（2）继发性乳糖酶缺乏。这种情况是因为某些原因导致小肠黏膜上皮损伤，从而致使人出现暂时性的乳糖酶活性低下。感染性腹泻、乳糜泻、局限性回肠炎、营养不良和免疫球蛋白缺乏症等，都会导致继发性乳糖酶缺乏。

（3）原发性乳糖酶缺乏（也称成人型乳糖酶缺乏）。这种情况是由乳糖酶活性随着人的年龄增长而逐渐下降所引起的，也是临床上最常见的一种类型。它的发生时间因人而异，有些在婴儿断奶后就开始出现。

二、乳糖不耐受的防护措施

对于患上乳糖不耐受的婴幼儿，我们可以尝试下面这些方法。

1. 尽量坚持母乳喂养

虽然母乳中也含有乳糖成分，但母乳是婴幼儿最佳的食物，妈妈要尽可能坚持对婴幼儿进行母乳喂养。

在母乳喂养时，可以根据婴幼儿乳糖不耐受的具体情况，适当减少乳糖摄入量：①减少婴幼儿的单次摄入量，可以少量多次喂奶；②适当减少前奶的摄入量，前奶中的乳糖含量比较高，在母乳充足的情况下，可以考虑挤掉一部分前奶。

2. 找对乳制品替身——无乳糖配方奶

一些无乳糖配方奶会使用麦芽糊精、玉米糖浆固体、葡萄糖浆等作为乳糖的替代成分，以提供婴幼儿所需的能量，避免引起乳糖不耐受的症状。这些替代成分的选择和比例根据不同品牌的无乳糖配方奶而有所不同。先天性乳糖酶缺乏的婴幼儿，需要食用无乳糖配方奶。

配方奶喂养的婴幼儿，如果发生乳糖不耐受，并且出现营养不良或体重下降等情况，就可以暂时换成无乳糖配方奶，等到婴幼儿的腹泻情况好转以后，再换成含有乳糖的配方奶。

美国儿科学会认为，婴幼儿由于腹泻等原因导致继发性乳糖酶缺乏时，不需要限制食物中的乳糖。等到疾病好了以后，乳糖酶缺乏的症状也会消退。但是，小于 3 个月的婴儿，以及本身已经营养不良的婴幼儿，如果继续食用含有乳糖的配方奶，则会影响疾病的恢复。因此，美国儿科学会建议持续腹泻多于 14 天的婴幼儿，最好暂时避免摄入含有乳糖的乳制品。

3. 少量多次饮用牛奶

每个婴幼儿在摄入乳糖后的表现是不同的，有的婴幼儿可能喝完一杯奶才会出现腹胀、腹泻等不良反应，有的婴幼儿可能喝了半杯奶就出现反应了。这说明婴幼儿在一定程度上是可以耐受乳糖的。为了缓解乳糖不耐受的不适感，可以把牛奶分多次来饮用。

4. 配合谷物（如面包、麦片等）同吃

通常来讲，患上乳糖不耐受的婴幼儿空腹喝奶会出现较为严重的不适反应。因此，可以尝试让已添加辅食的婴幼儿在喝奶前或喝奶时吃一些面包、麦片等，这样能够减少肠道排气和不舒服的感觉。

5. 喝酸奶更易消化

患上乳糖不耐受的婴幼儿如果喝不了牛奶，可以选择喝酸奶。因为酸奶是在加入一定乳酸菌后经过发酵生成的，发酵过程使原奶中 20%～30%的乳糖分解成了乳酸，更易消化和吸收。

场景十一：玫瑰疹的防护

【情景导入】

情景：小美出生时体重正常，母乳喂养至 6 个月大，随后逐渐添加辅食。在 9 个月大时，妈妈开始给小美喂食含有鸡蛋的辅食（如米糊混合鸡蛋）。不久之后，小美出现反复高热，体温可达 39℃以上，同时伴有食欲减退和烦躁不安的症状。退烧后，小美的皮肤上长出了一些粉红色的皮疹，主要集中在面部和躯干。这些皮疹逐渐扩散并合并成片，但无瘙痒感。小美的精神状态良好，没有出现明显的呼吸困难或其他严重症状。就医后发现，小美患上了玫瑰疹。

思考：婴幼儿得玫瑰疹时应如何处理？

【学习目标】

1. 熟悉玫瑰疹的症状。

2. 能分析、判断婴幼儿得玫瑰疹的原因。

3. 具备初期病情的防护和处理能力。

【学习积累】

一、玫瑰疹概述

玫瑰疹也叫幼儿急疹、烧疹、第六病，中医称为奶疹、假疹，民间则称为臊疹子，是婴幼儿的一种常见病。它主要由病毒感染引起，大多数婴幼儿在两岁以前都患过此病。玫瑰疹的特点是突发高烧，持续 4 天左右，退烧后全身出现粉红色斑点样的皮疹，同时往往伴有耳后、枕部淋巴结肿大。部分患儿可能出现其他症状，包括眼睑水肿、囟门隆起、流涕、咳嗽、腹泻、食欲减退等。临床上以突起发热，热退疹出为特点。

玫瑰疹不具有流行性，是散发病例。皮疹为粉红色，直径 2～4 毫米，起初分布较散，之后相邻的皮疹会融合成大片，主要集中于头额、颈部及躯干，四肢相对较少，肘膝以下及掌跖部多无皮疹。24 小时内皮疹出满，一两天后皮疹开始消退，不留色素沉着及脱屑。发病期间常合并出现耳后、枕部淋巴结肿大，少数患儿伴有轻度烦躁、不适及腹泻等症状。

二、玫瑰疹的防护措施

如果患儿确诊得了玫瑰疹，那么无须特别护理，在高烧退去、身上皮疹出完后就会自愈。玫瑰疹发病时无明显诱因，突然高热，体温一般为38.9～40.5℃，除食欲稍差外，患儿往往精神较好。少数表现为中度发热，体温38℃左右。发热3～5天后，体温开始下降，一般 24 小时内降至正常，热退后或体温下降的同时体表开始出疹。"热退疹出"是玫瑰疹的特有表现。

玫瑰疹属于自限性疾病，没有特效药，往往采取对症疗法，需要加强护理。生病时，最好让患儿卧床休息，保持室内通风，尽可能让患儿少去户外活动，注意隔离，避免交叉感染。给患儿喂一些流质、半流质且营养丰富、容易消化的食物，同时应该给患儿多喂水，这样有利于病毒毒素的排出。玫瑰疹可能引发中耳炎、脑炎和肝功能受损等并发症，所以需要密切观察患儿的精神状态和伴随症状。

场景十二：起痱子的防护

【情景导入】

情景：随着天气逐渐变热，元宝的活动量有所增加，出汗较多。最近，元宝的妈妈发现他的脖子、腋下和腹股沟等部位出现了密集的红色疹子，这些疹子呈粟粒大小，并逐渐增多。元宝偶尔会表现出轻微的瘙痒感，但并没有过度烦躁或哭闹。妈妈尝试使用爽身粉并更换透气性更好的衣物，但情况并未明显改善。

思考：婴幼儿起痱子时应如何处理？

【学习目标】

1．熟悉起痱子的症状。

2．能分析、判断婴幼儿起痱子的原因。

3．具备初期病情的防护和处理能力。

【学习积累】

一、起痱子概述

在高温闷热的环境中，婴幼儿的皮肤出汗过多又不能很快蒸发，就会导致排汗的皮肤出口阻塞，汗管内的汗液不能往外排，只能渗入周围组织，引起皮肤炎症，这就是痱子的由来。痱子一般长在出汗多的部位，如头皮、前额、胸壁、背部等。有时候是针尖至针头大小的半透明浅表性小水疱，我们称之为"白痱"；有时候是圆而尖形的针头大小的密集丘疹或丘疱疹，周围围绕着红晕，我们称之为"红痱"；有时候是密集顶端有针头大小浅表脓疱的丘疹，我们称之为"脓痱"；反复发生的红痱，会发展为深在的、随着出汗而增大的丘疱疹，我们称之为"深在性痱子"。

痱子是一种非常常见的皮肤病，有非常典型的临床特点，一般不需要特殊化验。但是对于长在颈部皱褶部位的痱子，需要进行一种真菌的显微镜检查，以排除白色念珠菌感染的可能。

二、起痱子的防护措施

如果婴幼儿起了痱子，则应该先将婴幼儿移至通风良好的环境中，并且减少衣物及被褥的覆盖，可以用温水为其洗澡，外用痱子粉进行治疗。如果出现脓痱感染的情况，则应该外用夫西地酸乳膏进行治疗。

婴幼儿起痱子后，可用新鲜的无花果叶4～5片，加入冷水500～1000mL，约煮20分钟即可，待到水温凉至38℃左右，再用毛巾蘸水在婴幼儿患有痱子处外敷。也可在用无花果液所煮的水中加入适量的温水为其洗浴，洗2～3天，婴幼儿身上的痱子就基本消除了。如果没有并发感染，则可选用炉甘石洗剂局部外涂，也可用金银花熬水外洗，并保持局部干燥，这样可在短期内达到较好的效果。

婴幼儿的汗腺发育仍不成熟，新陈代谢比较快，对冷热的自我调节能力比较差，导致汗液分泌较多、汗腺阻塞，造成痱子的出现。因此，应注意给婴幼儿穿宽松、柔软、舒适的衣物，以便汗液蒸发，并及时给婴幼儿更换潮湿的衣物，勤用温水洗澡，保持室内通风散热。

十滴水是夏季预防中暑的常用药物，它还可以用来治疗痱子。婴幼儿的皮肤娇嫩，为了避免过度刺激，应先将十滴水按照1∶10的比例进行稀释，再用棉签轻轻地涂抹在婴幼儿患有痱子处，注意防止婴幼儿用手抓挠。

场景十三：胃肠功能紊乱的防护

【情景导入】

情景：敏敏自出生以来身体状况良好，生长发育正常，但近一周无明显诱因出现食欲不振、腹泻、呕吐等症状。家长曾尝试给敏敏喂服益生菌和止泻药，但症状未见明显缓解。送医后发现，原来敏敏是患上胃肠功能紊乱了。

思考：婴幼儿出现胃肠功能紊乱时应如何处理？

【学习目标】

1. 熟悉胃肠功能紊乱的症状。
2. 能分析、判断婴幼儿出现胃肠功能紊乱的原因。

3. 具备初期病情的防护和处理能力。

【学习积累】

一、胃肠功能紊乱概述

婴幼儿出现胃肠功能紊乱并不少见，那么其症状有哪些呢？胃肠功能紊乱的症状往往表现为恶心、呕吐、腹胀、腹泻，大便的次数明显增多，大便的性状也会改变，如水样便、含有颗粒的大便或黏液脓血便，同时伴有异味。

婴幼儿不会无缘无故出现胃肠功能紊乱，婴幼儿出现胃肠功能紊乱的原因有哪些呢？婴幼儿出现胃肠功能紊乱，和平时的饮食习惯有很大的关系。若婴幼儿患上严重的胃肠功能紊乱，则必须及时到医院接受专业的治疗，以免耽误病情。在平时的饮食中，要给婴幼儿多吃一些易消化的食物，合理搭配饮食，慢慢尝试加入新的食物。

婴幼儿出现胃肠功能紊乱比较少见的原因是精神因素，如精神紧张、压力大等。情绪的变化将直接影响人体各个器官功能的变化，而表现最为敏感的就是胃肠。不良情绪可以通过大脑皮质传递，导致下丘脑功能紊乱。下丘脑是与情绪有关的皮质下中枢，可以通过自主神经系统影响胃肠功能。当然，这种因素对婴幼儿来说比较少见，但也是存在的。

二、胃肠功能紊乱的防护措施

若婴幼儿出现胃肠功能紊乱，则需要通过药物和饮食来调整。在药物方面，可以给婴幼儿喂一些益生菌来补充肠道菌群，帮助消化和吸收。在饮食方面，建议给婴幼儿喂一些清淡流质、容易消化的食物，减少喂那些高脂肪、高蛋白及不容易消化的辅食。另外，需要调整婴幼儿的饮食习惯，让其少量多次吃。同时，可以配合推拿、按摩，如餐后顺时针按摩婴幼儿的肚子，促进肠道蠕动，帮助胃肠功能恢复。最后需要定期带孩子去医院复诊。

场景十四：湿疹的防护

【情景导入】

情景：路路是一个刚满 6 个月的可爱婴儿，近期他的脸颊、颈部和四肢长出了一片片红色的疹子。这些疹子表面湿润，有时伴有轻微的渗出液和结痂。妈妈发现路路时常烦躁不安，夜晚也睡得不安稳。原来，路路是得了湿疹。

思考：婴幼儿得湿疹时应如何处理？

【学习目标】

1．熟悉湿疹的症状。

2．能分析、判断婴幼儿得湿疹的原因。

3．能做好婴幼儿湿疹的防护。

【学习积累】

一、湿疹概述

湿疹俗称奶癣，是婴幼儿时期常见的一种顽固的变态反应性（或称过敏性）皮肤病。湿疹大多发生在脸颊、前额和头皮处，严重者躯干和四肢也有，重症者会扩散到其他部位，且容易反复发作。最初表现为两颊发痒，皮肤发红，继而出现较密集的小米粒样皮疹（红色丘疹或疱疹），这些疹子逐渐增多并融合成片，表面湿润，伴有黄色渗出液和结痂。

由于奇痒，患儿常烦躁不安，夜间啼哭，影响食欲、睡眠和身体发育。部分患儿有吐奶和消化不良的症状。

二、湿疹的防护措施

1．避免患儿抓挠皮肤

切忌让患儿抓挠、摩擦皮肤而使疹子破溃，造成皮肤损伤，增加感染和过敏的概率。可以给患儿戴上纱布手套，防止其抓挠。由于奇痒，患儿有时也会摩擦患处，故在睡前也应对其双手进行适当约束，以防抓伤，引起皮损泛发。

2．用温清水清洗

可以适当用温清水为患儿清洗，但严禁用香皂、肥皂、药皂清洗患儿皮肤，也不要用过烫的水清洗患处，不要涂护肤品或刺激性强的药物。湿疹严重时不要洗澡，特别是头和脸，最好暂时不洗。

3. 用具要分开放

患儿的用具要分开放，洗枕巾和被子的盆要与洗尿布的盆和洗衣服的盆分开。

4. 注意皮肤清洁

保持患儿的皮肤清洁，避免刺激，如抓挠、日晒、风吹等。对脂溢性湿疹千万不能用肥皂水洗，可以涂一些植物油，使痂皮逐渐软化，然后用梳子轻轻地梳理。

5. 治疗湿疹，用药要小心

婴幼儿的皮肤娇嫩，用药不当会加重病情。因此，湿疹患儿应在医生的指导下用药。除了继发感染，一般不用抗生素。千万不要用治疗癣的药物来治疗婴幼儿湿疹，否则会加重病情。

场景十五：腹痛的防护

【情景导入】

情景：小杰是一个活泼好动的两岁半幼儿，近日来频繁出现腹痛症状，家长十分担忧。腹痛通常发生在饭后或夜间，且伴有哭闹、食欲不振和排便异常等症状。家长尝试了各种家庭护理方法，但小杰的腹痛症状并未得到缓解，于是决定带小杰去医院就诊。

思考：婴幼儿腹痛时应如何处理？

【学习目标】

1. 能分析、判断婴幼儿腹痛的原因。

2. 能做好婴幼儿腹痛的防护。

3. 具备处理婴幼儿腹痛的能力。

【学习积累】

一、腹痛概述

腹痛是婴幼儿时期常见的症状之一，而且引起腹痛的原因非常复杂，盲目处理非但不能起到止痛的作用，反而会加重病情，造成严重后果。正确的态度是先找出病因再施治。

二、腹痛的防护措施

当发现婴幼儿腹痛时，应先分析造成腹痛的原因，可从腹痛的部位、性质及症状着手，明确具体病因后再进行有针对性的处理。

以下列举几种腹痛常见的病因。

1. 腹泻

1）表现

腹痛不久出现大便性状改变，呈蛋花汤样或水样。

2）对策

让患儿卧床休息，吃一些易消化的稀软食物，避免食用刺激性食物，为患儿充分补水。最好在温水中加入少量食盐给患儿饮用，不可让患儿饮用牛奶或汽水等。若腹泻伴有呕吐或腹泻严重，则应立即送医院治疗。如果婴幼儿经常腹泻，可以为其补充益生菌。特别是在腹泻易发季节，要让婴幼儿的肠道保持良好状态。

2. 蛔虫病

1）表现

经常出现位于脐周的腹痛。

2）对策

轻轻按摩患儿的腹部，使蛔虫安稳下来，从而使腹痛症状得到缓解。不要私下为患儿服用驱虫药，一定要在医生的指导下用药。

3. 胆道蛔虫病

1）表现

腹痛发作时痛苦不堪，双腿屈曲、面色苍白，但腹痛过后活动如常。

2）对策

马上将患儿送至医院，通常采用中西医结合非手术疗法即可治愈，仅少数伴有严重并发症者需要手术治疗。

4. 肠梗阻

1）表现

腹痛伴有频繁呕吐，且无排便、排气。

2）对策

不能给患儿喂水或喂食，应该注意观察其腹痛、呕吐、排便及排气情况。如果腹痛严重或腹胀加重，或者有烦躁、脉快等现象，就说明病情加重，应及时送医院治疗。

5. 急性、慢性胃炎和胃溃疡或十二指肠溃疡

1）表现

腹痛发生在饭前或饭后，腹痛的部位为上腹部，伴有呕吐，呈周期性反复发作。

2）对策

先稳定患儿的情绪，再拨打急救电话。同时，注意给患儿保暖、禁食和禁水。如果有呕吐症状，则将患儿的头偏向一侧，以免其将呕吐物吸入气管。

场景十六：便秘的防护

【情景导入】

情景：小乐是一个 1 岁 3 个月大的幼儿，最近几周一直深受便秘的困扰。他的大便干燥、硬结，排便时显得痛苦并经常哭闹。家长注意到，小乐的食欲也有所下降，而且情绪变得不稳定。尽管家长尝试了各种家庭护理方法，但便秘问题仍未得到明显缓解。

思考：婴幼儿便秘时应如何处理？

【学习目标】

1. 熟悉便秘的症状。

2. 能分析、判断婴幼儿便秘的原因。

3. 能做好婴幼儿便秘的防护。

【学习积累】

一、便秘概述

便秘是指粪便在结肠内停留时间过久，水分被过量吸收，致大便干硬，排便次数减少，排便困难。

如何判断婴幼儿是否便秘？一般认为，排便规律消失，排便次数少于正常情况，排便间隔超过 72 小时，粪质坚硬，排便时感觉不适，就说明发生了便秘。但婴幼儿的排便习惯根据个体不同差异较大，有的婴幼儿 2～3 天才排便一次，只要大便性状正常，婴幼儿生长发育正常，就不能算便秘。在判断是否便秘时，根据大便性状比根据排便次数更为合理，如虽每日排便一次，但大便干硬、量少，排便困难，仍有大量坚硬的粪便留在结肠或直肠中，这种情况也属于便秘。较大年龄段的孩子可以参照便秘自查表来判断，如表 4-1 所示。

表 4-1　便秘自查表

比较项	正常	便秘		
		轻度	中度	重度
间隔	每周排便 3～9 次	3 日排便一次	4 日排便一次	5 日排便一次
便质	正常	先干后软 干少软多	先干后软 干多软少	全部干结或带血
用力	不费力	费力	有不适感 便意未尽	痛苦感强烈或始终拉不出

二、便秘的防护措施

1. 按摩

以肚脐为中心顺时针按摩患儿的腹部，按摩 10 次后休息 5 分钟，再按摩 10 次，反复进行 3 回。或者用油质外用药（如金霉素软膏）涂在患儿的肛门处，垫上软纸，轻轻推按患儿的肛门，慢慢做 10 次。

2. 使用开塞露

如果使用以上方法处理仍不见效，则可以使用开塞露通便。在使用时要注意，在将开塞露注入患儿肛门内以后，应用手将患儿两侧臀部夹紧，先让开塞露液体在肠内停留一会儿，再让患儿排便，这样效果更好。

3. 适当补充益生菌

益生菌主要是双歧杆菌、乳酸杆菌等一些有助于肠道正常菌群生态平衡的活菌制剂，能抑制病原菌的定植和侵袭，调节和恢复肠道的微生态，从而增强婴幼儿的抵抗力。给婴幼儿服用益生菌制品，能够提高其免疫力，促进肠道健康，减少便秘和腹泻症状，缓解抗生素的副作用。

场景十七：咳嗽的防护

【情景导入】

情景：小涵是一个 10 个月大的婴儿，最近一周开始出现咳嗽的症状。起初只是轻微的干咳，但随着时间的推移，咳嗽逐渐加重，并伴有痰鸣声，而且夜间咳嗽加剧。

思考：婴幼儿咳嗽时应如何处理？

【学习目标】

1. 了解婴幼儿咳嗽的高发期。

2. 能分析、判断婴幼儿咳嗽的原因。

3. 能做好婴幼儿咳嗽的处理。

【学习积累】

一、咳嗽概述

咳嗽是婴幼儿常见的呼吸道疾病症状之一。因为婴幼儿的支气管黏膜娇嫩，抵抗外界病菌感染的能力较弱，所以比较容易发生炎症，引起咳嗽。尤其在冬季，婴幼儿呼吸道疾病高发，是咳嗽的高发期。

二、咳嗽的防护措施

注意保暖，及时给患儿增添衣物；叮嘱患儿多喝水，补充体内水分；不给患儿吃刺激性食物，让患儿少食多餐，喂食清淡，营养充分、均衡，易消化、吸收的半流质或流质食物，如稀饭、面条、鸡蛋羹、新鲜蔬菜和水果汁等；注意在患病期间多给患儿翻身拍背，帮助其祛痰。

场景十八：发热的防护

【情景导入】

情景：小瑞是一个 1 岁 3 个月大的幼儿，最近两天突然出现发热的症状。起初家长以为只是普通的感冒，但小瑞的体温持续升高，并伴有食欲不振和轻微咳嗽等症状。

思考：婴幼儿发热时应如何处理？

【学习目标】

1．正确面对婴幼儿发热。

2．能分析、判断婴幼儿发热的原因。

3．能做好婴幼儿发热的防护。

【学习积累】

一、发热概述

事实上，发热是一种症状而不是一种疾病。它是机体对抗侵入的细菌或病毒的正常反应，有利于消除病原体，恢复健康。所以，发热对健康也有有利的一面。有时候我们会发现，婴幼儿经过一场发热后，好像长大了，思维能力、语言能力均有明显提高，这是因为发热加快了脑细胞的代谢和新生。

发热并非都会带来严重疾病。事实上，婴幼儿之所以容易发热，主要是因为其体温调节中枢系统发育还不成熟，再加上身体的抵抗力比较差，因此受到感染的概率比较高。只要加以治疗并进行适当的休息，体温通常就会逐渐趋于正常。但是退热终究需要一个过程，所以一般的发热症状也会持续 3 天左右，而且可能出现体温时高时低的情况。不过只要病情在好转就没关系，不必太过焦虑，只要做好护理即可。

二、发热的防护措施

发热的情况不同，防护措施也不同，具体如下。

1. 体温 37～38℃时：不必急着退热

发热本身有帮助杀菌及提升抵抗力的作用，所以不太高的发热是不必急着退热的。盲目退热往往会引发很多不良反应，如由于退热快、出汗多，易导致虚脱、循环系统出问题。

2. 体温 38～38.5℃时：全身用温水擦浴或泡澡、多喝水

将患儿的衣物解开，用温水（37℃左右）浸湿毛巾搓揉全身（心前区和腹部除外）或让其泡澡，如此可使患儿皮肤的血管扩张，将体热散出。另外，水由体表蒸发时，也会吸收体热。每次泡澡 10～15 分钟，4～6 小时一次。多给患儿喂水，有助于发汗。水有调节温度的功能，可使体温下降并补充体内流失的水分。

3. 体温 38.5℃以上时：考虑使用退热药

一般当患儿的体温达到 38.5℃以上时才考虑使用退热药，而且每次服药一定要间隔 4～6 小时。常用的退热药包括水剂、锭剂、栓剂和针剂。

1）水剂

较温和且安全，普遍使用的是含扑热息痛的糖浆，如小儿美林糖浆、小儿百服宁滴剂等。

2）锭剂

由于给婴幼儿喂药比较困难，因此很少使用这类剂型的退热药，大部分已经被各种退热糖浆代替。

3）栓剂

塞入肛门，由直肠吸收，见效较快，当患儿拒绝吃药时也能使用。但使用次数要少，密集使用易导致退热过度，使体温降得太快，或者反复刺激肛门，易造成腹泻等。

4）针剂

打退热针是最不安全的，有的患儿甚至会过敏休克。然而，目前并没有针对退热针所做的过敏试验，因此除非无法使用口服退热药（如严重呕吐或禁食中）且无法使用肛门栓剂（如严重腹泻），用尽方法仍无法退热，最后一步才会考虑打退热针。

应当注意的是，不同的退热药最好不要交叉使用，因为剂量不好控制，还是单独使用比较安全。还有，也不可自行增加退热药的使用次数或剂量。

4. 体温 39℃ 以上时：加用冷水枕

可在使用退热药的基础上加用冷水枕，利用较低的温度进行局部散热。现在市面上的软冷水枕十分方便，温度也不会太低，年龄稍大的幼儿可以使用。但不建议 6 个月以下的婴儿使用，因为婴儿不易转动身体，会造成局部过冷而冻伤或导致体温过低。

5. 寒战时：适当增加衣物

如果患儿四肢冰凉又打寒战（畏寒），则表示需要温热，此时要适当增加衣物。

6. 出汗时：适当减少衣物

如果患儿四肢温热且全身出汗，则表示需要散热，可以少穿点衣物。

7. 高热惊厥的紧急处理

患儿惊厥突然发作，确实让父母手忙脚乱。惊厥是急症，当患儿突发惊厥时，应该立刻进行紧急处理并将其送往医院。

1）保持侧卧

成人要保持镇静，千万不能哭叫或摇晃患儿。要让患儿侧卧，防止呕吐物被误吸入气管，引起窒息。尽量少搬动患儿，并保持周围环境的安静，减少不必要的刺激。

特别提醒：已出牙的患儿在惊厥时，因牙关紧闭有可能咬伤舌头，此时可用缠有纱布的筷子或勺柄做成牙垫，卡在患儿的上下牙之间。若不能及时准备牙垫，也可用手帕折叠后临时代替。切勿用自己的手去掰开患儿的嘴，以免手指被咬伤。

2）送往医院

迅速将患儿送往附近的医院。在赶往医院的途中，应让患儿的颈部轻微后仰，以保持呼吸畅通，同时稍解开患儿的衣物，这样既有利于散热，又便于呼吸。

场景十九：感冒的防护

【情景导入】

情景：小悦是一个 1 岁 8 个月大的幼儿，最近几天突然出现感冒的症状。起初只是轻微的鼻塞和流涕，但随后小悦的体温开始上升，并伴有咳嗽和喉咙不适。

思考：婴幼儿感冒时应如何处理？

【学习目标】

1．熟悉感冒的症状。

2．能分析、判断婴幼儿感冒的原因。

3．能做好婴幼儿感冒的防护。

【学习积累】

一、感冒概述

0～1 岁的婴儿，感冒时起病急，以全身症状为主，多有发热，体温可达 39～40℃，热程 2～7 天，易出现烦躁不安、鼻塞、流涕、轻咳、食欲不振、呕吐、腹泻、惊厥等症状。

1 岁以上的幼儿，以局部症状为主，全身症状较轻，无发热或轻度发热，头痛、全身不适、乏力，极轻者仅鼻塞、流稀涕、打喷嚏、微咳、咽部不适等。

二、感冒的防护措施

如果婴幼儿夏季得了感冒，最好是多休息、多饮水，并补充维生素 C，一个星期左右就能痊愈。当然也可用祛暑解表、化湿和中的中成药，如藿香正气口服液、金银花露、香苏正胃丸等。

1．住：尽量避免交叉感染

尽量避免感冒患儿与患有呼吸道感染的患者接触，室内可用食醋醋熏，进行空气消毒。

2．洗：用温毛巾擦拭全身

可用温水浸湿毛巾给患儿擦拭全身，时间为5～10分钟，由四肢末端向躯干方向轻擦，以增强其耐寒能力。

3．行：经常锻炼增强体质

较小的婴儿在秋冬可进行日光浴、空气浴，以降低皮肤和呼吸道疾病发生的频率；较大的幼儿可经常进行室外活动，活动量不要太大，活动时间不可过长，由少到多，逐渐增加次数，以不累为度。

场景二十：自闭症的引导

【情景导入】

情景：福福是一个两岁半的男孩，自出生以来就显得与其他同龄孩子有些不同。他很少与人进行眼神交流，对周围的声音和刺激反应不敏感，也不喜欢与其他小朋友互动。家长一开始觉得这只是福福的个性，但随着时间的推移，他们发现福福的这些行为并没有随着年龄的增长而改善，反而变得更加明显。后经医生诊断，福福被确诊为自闭症。

思考：婴幼儿得自闭症时应如何处理？

【学习目标】

1．了解自闭症的表现。

2．能根据婴幼儿的表现判断病症。

3．初步掌握对自闭症患儿的引导行为。

【学习积累】

一、自闭症概述

自闭症，又称孤独症，是一类神经发育障碍，被归类为由于神经系统失调导致的发育障碍。其核心症状表现为在多种环境中持续存在的社会沟通和社会交往缺陷，以及局限的、重复的行为、兴趣或活动。

自闭症患儿通常难以理解和表达情感，缺乏社交技巧，常常无法与他人建立正常的人际关系。他们可能对某些事物或活动表现出过度的兴趣和专注，而对其他事物则缺乏兴趣。

自闭症的症状和程度因人而异，有的患儿可能伴随语言障碍、智力低下、多动、自伤等表现。虽然自闭症的病因尚未完全明确，但研究认为，遗传因素和环境因素可能共同作用导致自闭症的发生。

二、自闭症的表现

1. 孤独离群，沉迷自我，交际困难

有的患儿从婴幼儿时期起就表现出这一特征，如从小就和父母不亲近，也不喜欢要人抱，当别人要抱起他时不伸手，不表现出期待的姿势；不主动找小朋友玩，别人找他们玩时表现躲避；对呼唤没有反应，总喜欢单独活动。有的患儿虽然表现出不拒绝别人，但不会与小朋友交往，即缺乏社会交往技巧。自闭症患儿的孤独还表现为对周围的事不关心，听而不闻，视而不见，自己愿意怎样做就怎样做，周围发生什么事似乎都与他无关，很难引起他的兴趣和注意，只生活在自己的小天地里。另外，他们从不注视对方甚至回避对方的目光，平时活动时眼神也游离不定，看人时常眯着眼、斜视或用余光等，很少正视别人，也很少微笑，从不和人打招呼。

2. 语言障碍突出，难以正常交流

大多数患儿的语言很少，严重者几乎终生不语，会说、会用的词汇有限；即使有的患儿会说话，也常常不愿说话而宁可以手势代替。有的患儿会说话，但声音很小，或自言自语，重复说一些单调的话。还有的患儿只会模仿别人说过的话，而不会用自己的语言进行交流。不少患儿不会提问或回答问题，只是重复别人的问话。另外，还常常表现为代词运用混淆、颠倒，如常用"你"和"他"来代替"我"。还有不少患儿时常发出尖叫，这种情况有时能持续至5～6岁或更久。

3. 兴趣狭窄，行为刻板重复，反对环境变化

自闭症患儿常常在较长的时间里专注于某种或几种游戏或活动，如着迷于旋转锅盖，单

调地摆放积木，反复观看电视广告和天气预报等，面对儿童们喜欢的动画片、电视剧、电影则毫无兴趣。一些患儿甚至天天要吃同样的饭菜，出门要走相同的路线，排便要求用一样的便器，如有变动则大哭大闹，表现出明显的焦虑反应，不肯改变原来形成的习惯和行为方式，难以适应新环境。多数患儿同时表现出无目的的活动，如单调重复地蹦跳、拍手、挥手、奔跑、旋转等，也有的患儿甚至做出自伤自残的行为。

4. 大多智力发育落后

多数患儿智力发育比同龄儿迟钝，少数患儿智力正常或接近正常。但有的患儿在智力活动的某一方面又表现得很好，令人不可思议。比如，不少患儿的机械记忆能力很强，尤其对文字符号的记忆能力，如有一位三四岁的患儿特别喜欢认字，见字就主动问念什么，并且只要问一次就能记住，因此他能毫不费力地流利阅读儿童故事书。这说明他掌握不少词汇，但当他用词汇来表达自己的意思时则存在明显的困难，说明他在理解语言和运用语言方面较差。

三、对自闭症患儿的引导行为

尽量让自闭症患儿明白对他们的要求，令患儿对环境产生兴趣，让他们觉得参与有意义，不能让患儿独自消磨下去，要营造一个稳定、温馨的治疗环境。

（1）教患儿的东西要适合他们的能力。

（2）学习在家里用与专业机构相同的方法教导患儿，教他们用正常行为代替异常行为。

（3）开始时可能需要给予物质奖励，以帮助患儿参与。

（4）最重要的是让患儿得到参与后的成就感。成功的经验会令患儿情绪稳定，使其有更大的动力去参与。

（5）要从多方面评估患儿的能力。不同患儿的能力参差不齐，要根据评估结果提供适合每个患儿能力的训练方法及学习机会。

（6）对于患儿重复性的行为及不愿改变的倾向，需要慢慢引导。患儿明白得越多，这些行为就会越少。

（7）用行为和心理治疗方法改变其一些困难行为，如发脾气、不愿吃饭等。

场景二十一：抽动症的治疗

【情景导入】

情景：练练是一个 5 岁的幼儿，最近几个月里，家长发现练练做出了一些不寻常的行为，包括频繁眨眼、点头、耸肩，偶尔不由自主地发出声音。起初，家长以为练练只是在模仿某些动作或声音，但随着时间的推移，他们发现这些行为越来越频繁，且没有明显的诱因。经医生诊断，练练得的是抽动症。

思考：婴幼儿得抽动症时应如何处理？

【学习目标】

1. 了解抽动症的表现。

2. 能根据婴幼儿的表现判断病症。

3. 初步掌握抽动症的治疗。

【学习积累】

一、抽动症概述

抽动症根据表现形式不同，可分为发声性抽动、运动性抽动、抽动—发声综合征。抽动症多数在儿童学龄期起病，以 5～12 岁多见，男孩多于女孩。转移注意力可以减轻抽动症状，当孩子精神紧张、情绪波动或感冒时症状会加重。此病病程较长，常反复发作。

抽动症虽然不是危重疾病，也没有明显的脏器损害，但发病后不能很快控制，给孩子的学习、生活和社会交往带来困难，给家庭造成很大的负担。所以，对此病应给予足够的重视。

二、抽动症的表现

（1）发声性抽动：实际上是累及呼吸肌、咽肌、喉肌、口腔肌和鼻肌的抽动，当这些部位的肌肉收缩抽动时就会发出声音，简单的如"喔""噢""啊"等，也可表现为清嗓、咳嗽、吸鼻、吐痰、犬吠等声音。复杂的发声性抽动由有意义的单词、词组或句子组成，表现为发出与环境不符的声音，如不由自主地重复无意义的词句或无缘无故地骂人，这是少数抽动症患儿的首发症状。

（2）运动性抽动：头部、颈肩、躯干及四肢肌肉不由自主、突发、快速地收缩运动，表现为频繁眨眼、蹙眉、噘嘴、缩鼻、伸舌、张口、摇头、点头、伸脖、耸肩、挺胸等动作。随着病情的发展，表现形式会由简单的抽动发展为复杂的抽动，由单一运动性抽动或发声性抽动发展为两者兼有，发生频率也有所提高。

（3）抽动—发声综合征：又称抽动—秽语综合征或多发性抽动。研究表明，抽动症至少有 30%的患儿出现秽语症，严重者还会出现模仿动作、模仿和重复语言、强迫动作或猥亵行为，患儿同时具有单纯性抽动和单纯性发声的临床表现。多数患儿每天都有抽动发生，少数患儿的抽动呈间断性，但发作时间不会超过两个月。

三、抽动症的治疗

1. 心理治疗

心理治疗主要有心理支持治疗、认知治疗和行为治疗。心理支持治疗和认知治疗的目的是让患儿和家属了解疾病的性质及症状波动的原因，消除学校和家庭环境中可能对症状的产生或维持产生作用的不良因素，减轻患儿因抽动症状所继发的焦虑和抑郁情绪，提高患儿的社会适应能力。

2. 中医治疗

中医按整体观念和辨证论治原则对抽动症进行病因、病理及症候分型，参照阴阳五行、营卫气血、舌脉象等制定治疗原则，有目的地选择中药汤剂、中成药、针灸、推拿、耳穴、经络疗法等，在控制症状的同时，改善患儿的体质，消除病根。在治疗的过程中根据病情变化随时调整药物，控制症状后可用扶正固本法巩固疗效，减少复发。

🔗 学习检测

【实训检测】

1. 在托幼园所，发生婴幼儿烧（烫）伤事故的原因有哪些？请你分析以下案例可能造成的严重后果，并进行原因分析。

案例一：小班的亮亮特别喜欢到处探索，教室里的东西他都要去摸一摸、碰一碰，老师说过的安全事项他也总是忘记。

后果：_____

原因分析：_____

案例二：某班保教人员喜欢喝热水，从家里带来了电热水壶，放在托幼园所的活动区旁边，水烧开后她从来不记得把电热水壶放到婴幼儿够不到的地方，并且也未对婴幼儿做过相关提醒。

后果：_____

原因分析：_____

2. 在生活中，如果没有经过专业学习，那在处理异物入喉时可能采用错误的方法，如盲目用手抠嘴里的食物，这可能将异物推至更远，导致婴幼儿窒息。想一想还有哪些方法，并审核其恰当性，判断哪些方法是正确的。

3. 请你搜集近三年来托幼园所发生的火灾事故案例，充当安全播报员进行描述和讲解。

4. 你有哪些好的建议来帮助托幼园所预防踩踏事件的发生？

5. 正确进行烫伤的应急处理。

情景：大班的明明不小心被泼到热水，导致前臂出现小面积烫伤，可能有水疱，明明大哭不止。

要求：运用保育技能进行"烫伤应急处理"技能实操，考查对婴幼儿的安全照护能力。在操作的过程中可进行必要、简洁的语言描述。

【实训评价】

1．能按照保教人员的工作要求，做好各种意外伤害的处理和常见疾病的防护。

2．在模拟处理时，符合实际工作场景，方法清晰，无知识性错误，模拟过程规范，可行性较强。

【知识检测】

根据所学知识，完成以下内容。

意外伤害的处理

意外伤害的种类	应急处理措施
烧（烫）伤	
异物入喉	
小外伤	
鼻出血	
骨折、关节脱位、肌肉损伤	
中暑	
休克	
溺水	
触电	
动物咬伤、蜇伤	
踩踏事件	
火灾事故	

常见疾病的防护

常见疾病的种类	防护措施
鹅口疮	
缺钙	
手足口病	
积食	
水痘	
喉梗阻	
口水疹	
脐疝	
贫血	
乳糖不耐受	

续表

常见疾病的种类	防护措施
玫瑰疹	
起疹子	
胃肠功能紊乱	
湿疹	
腹痛	
便秘	
咳嗽	
发热	
感冒	
自闭症	
抽动症	

附录 A

一、安全照护管理制度

幼儿园安全管理制度

1. 全园职工在工作时间一定要集中精力，坚守各自的工作岗位，遵守幼儿园各项规章制度，加强工作责任心，根据幼儿一日常规，精心照顾幼儿，确保幼儿安全。

2. 幼儿在园期间，不离班、离园，如果家长委托他人来接幼儿，则须事先与幼儿园联系，否则保教人员有权不准其他人将幼儿接走。

3. 教育幼儿不离开集体。户外活动应有组织地进行，全部幼儿要在保教人员的视野之内。特别是外出活动，要照顾到每一个幼儿，并随时清点人数。

4. 保教人员不能擅自离开幼儿，如接电话或看病等。有特殊情况，要经领导批准，要有其他人替班。

5. 坚持正面教育，严禁态度粗暴、动作生硬，体罚、变相体罚幼儿。

6. 热水瓶、开水壶、热饭菜要放在幼儿摸不着的固定位置，严防幼儿被烫伤；不让幼儿喝过热的水或吃过热的饭菜。

7. 不许让幼儿代取报纸、倒垃圾或去厨房取送物品等。

8. 家具、玩具、运动器械等由专人定期检查，如有损坏要及时修理。

9. 电源插头、插座、电灯等，不能让幼儿接触；电视、投影仪等，使用完毕要立即切断电源，以免发生意外事故。

10. 班级里的手工剪刀、水果刀、针、扣子、图钉等要放到幼儿不易拿到的地方。

11. 教育幼儿不能吃的东西不往嘴里放，不玩棍棒、树枝或其他尖锐的东西，不玩玻璃球、扣子、硬币等，严禁携带危险物品进入活动室。

12．给幼儿服药时，要先仔细核对药袋上的姓名和用法，不要让幼儿自己取药，外用药、内用药、消毒药要严格分开。

13．认真贯彻执行卫生系统有关食品卫生的规定，严防食品中毒。

14．建立健全的幼儿接送制度，不得丢失幼儿。

15．全园职工要提高警惕，做好防火、防盗、防电等工作，确保幼儿园安全。

班级日常安全制度

1．幼儿安全教育"五不"。不触摸各种电器开关；不乱食花、草、种子、药物、食品；不把小物件衔在口中；不放脏东西和危险物品在口袋里；不离开老师。

2．带班时间不得与人聊天，不得离开幼儿；不允许幼儿离开老师的视野。一般情况下，不接电话和会见客人。

3．活动前做"三检查"（检查场地、设备、幼儿情绪和衣着）、"一交代"（向幼儿交代纪律与玩法）；活动时注意观察幼儿的活动内容和方式；活动后清点幼儿人数并讲评。

4．拿饭、拿水时要打招呼，要躲开幼儿走；刚煮沸的汤和水要加盖放在幼儿摸不着的地方；开饭时，饭、菜、汤不烫手才能让幼儿端，饭、菜、汤不能从幼儿头上端过；不随便倒开水。

5．幼儿进食时不得谈笑，不得让幼儿含饭在口中就去做其他事。

6．药品和洗涤水（粉）的保管：①写好名，幼儿的药品要写好药名和人名，洗衣粉和洗厕液要写好品名放到幼儿拿不到的地方；②大人的无论什么药都不能放在外面。

7．不让幼儿接触电源开关、刀器、滚水和火。

8．下班前要仔细核对幼儿人数；关好门窗；关掉电器、开关；锁好贵重物品。

9．幼儿受伤后，当班老师要冷静沉着，耐心询问，仔细查看伤口。如果是烫伤要迅速带幼儿离开热源，如果是骨折要固定好伤口位置，再迅速护送幼儿到医务室处理。

10．发生事故后，要立即报告医生和园长。

幼儿园入园、离园安全管理制度

1．为保证幼儿正常的作息时间，家长应在早 7:30—8:00 送幼儿入园，晚 5:30 接幼儿离园。为保证幼儿的安全，幼儿园其他时间不开门。

2．家长应遵守本园的作息制度，按时接送幼儿入园、离园。无特殊情况不请假。幼儿因病、事不来园的应向本班老师请假。

3．幼儿本人、家长或邻居中发生传染病时，要及时通知幼儿园保健室医生和幼儿所在班老师。

4．要求入园的幼儿，须进行地区检疫两周以上，或者立即重新体检才可入园。

5．为保证幼儿的安全，请家长按照接送卡制度接送幼儿。每天早上请家长把幼儿亲自交给本班老师，晚上由固定亲属接幼儿离园。如果是老师不认识的人或无家长亲笔交代的人接幼儿，恕不接待。

6．请不要给幼儿带瓜子、糖果等小食品及小玩具入园。

7．家长、幼儿在园要接受幼儿园的统一管理，自觉遵守家长、幼儿在园行为规范。教育幼儿爱护公共设施，若损坏幼儿园设施和玩具则按价赔偿。

入园、离园时的安全须知

关爱幼儿的身心健康，保证幼儿的安全，是幼儿园和家长的共同责任。为达到家园一致教育的良好效果，特制定如下安全要求，望家长理解和配合。

1．入园前，家长应检查幼儿兜中是否装有扣子、别针、石子等易造成伤害的杂物，发现后及时取出。

2．入园时，家长务必把幼儿送到本班老师手中。如有特殊情况，需要幼儿自行入班，家长事先须出示书面证明，要写清幼儿自行入班的起止日期。家长签字后，交给本班老师，以便登记备案。幼儿出现意外，由家长承担责任。

3．幼儿因病所携带的药品要当面交给老师并填写药品名称、剂量、服用时间等。

4．离园时，幼儿和家长过于密集，尽可能带幼儿即刻离园。穿行楼道时教育幼儿爱护楼道内的设施，不上窗台，不在暖气台上行走，不从楼梯扶手上往下滑，避免安全事故的发生。

5．离园前，如果幼儿要去玩大型玩具，应帮助幼儿按年龄选择玩具、器械，并在旁边保护，指导幼儿按正确的方法玩耍。游戏时照顾旁边正在行走的其他幼儿，以免发生碰撞事故。切忌远离幼儿聊天、议事，以免幼儿发生意外。

6．离园时，教育幼儿不在操场和草地上追跑、打闹、拆卸玩具、相互投掷。

7．积极配合值班人员催促幼儿尽快离园。

幼儿入园查验预防接种证制度

为规范本园的传染病管理，防范流行性疾病在本园暴发或流行，根据《中华人民共和国传染病防治法》的有关规定，特制定本制度。

（一）幼儿入园须查验预防接种证

1．查验范围：所有入园新生。

2．查验时间：幼儿办理入园手续时进行。

（二）查验的工作程序

1．幼儿办理入园手续时，应要求其家长或监护人必须出示预防接种证。

2．园区保健室医生检查幼儿是否完成规定剂次的疫苗接种，即国家免疫规划五苗（卡介疫苗、脊灰疫苗、百白破疫苗、麻疹疫苗、乙肝疫苗）及风疹疫苗的完成情况，其免疫程序按省卫生厅的规定和要求执行。

3．发现未依照国家免疫规划接种的幼儿，书面通知家长，并配合接种单位督促其监护人及时到接种单位补种。

4．幼儿完成补种和补证后，要将补种信息及时记入"园区幼儿预防接种证查验登记表"并存档，以备疾控部门和教育部门检查。

5．园区对幼儿的预防接种证进行查验，对疫苗漏补种的资料进行登记记录。

6．对因落实查验预防接种证制度不力而导致园区相关传染病暴发或流行的，将严肃追究有关人员的相关责任。

幼儿晨午晚检制度

检查对象：当天入园的全体幼儿，做到不漏检。

检查要求：

（一）晨检内容

1. 体温测量：幼儿入园前进行体温测量，体温正常方可入园。

一摸：两侧腮腺是否肿大。

二看：咽部（是否红肿）、皮肤（有无皮疹）。

三问：问家长幼儿在家的饮食、睡眠和大小便情况。传染病高发期须询问是否有重点疫区的接触史和出入史。

四查：查幼儿身上有无携带不安全物品。

2. 幼儿带药：管理幼儿药品，做到不漏服、不错服。

3. 做好记录：记录异常幼儿的情况及处理办法（咽红、发烧、腹泻等）。

（二）午检（晚检）及全天观察内容

1. 幼儿午睡起床后，各班老师负责给幼儿测量体温并进行记录，发现体温异常应及时上报并隔离，通知家长带幼儿到定点发热门诊就诊。

2. 全天询问和观察幼儿，询问和观察的要点为：发热、咳嗽、乏力、呼吸不畅、腹泻、流涕、咳痰、皮疹、腮腺肿痛、黄疸、结膜充血、头痛、精神状态不佳等。

卫生与消毒制度

（一）目的

加强个人卫生与环境卫生管理，做好消毒工作，预防传染病的发生与传播。

（二）管理范围

幼儿园内外环境。

（三）管理方法及内容

1. 建立公共环境卫生责任区清扫制度，责任到人。每天一小扫，每周五一大扫，每周擦一次玻璃，做到室内外干净整齐，无死角。定期检查与抽查相结合。

2．教室保持空气流通，阳光充足。夏季至少上下午各通风两次，冬季至少每天通风两次（幼儿入园前、户外活动时或午睡起床后），每次 10～15 分钟。冬季在保证室温的情况下，可调整开窗通风的时间。遇到雾霾、沙尘天气要减少开窗通风的时间。夏季开空调，温度调至 26～28℃。夏季要安装防蚊、蝇、鼠、蟑螂、蚂蚁等的设备，并及时消灭蚊、蝇、鼠、蟑螂、蚂蚁等病媒生物。

3．幼儿的玩具（自制玩具）要保持清洁。每周五由保教人员洗刷干净后用含有效氯 250mg/L 的消毒液浸泡 10～20 分钟，再用清水冲净晾干。对于不能清洗的毛绒玩具、自制玩具，每周五在阳光下曝晒或用紫外线灯照射一小时。

4．厕所清洁、通风、无异味，随用随冲，每天由保教人员打扫干净。每天中午、下班前由保教人员先用洁厕灵冲刷便池，再用含有效氯 400mg/L 的消毒液消毒幼儿便池一次。幼儿坐便垫圈随用随消，用酒精湿巾擦拭消毒。

5．每天由保教人员用含有效氯 250mg/L 的消毒液对门把手、水杯格、毛巾架、饮用水龙头、洗手用水龙头、玩具柜、栏杆、窗台、床围栏、桌子、椅子等幼儿易触碰的物体表面进行消毒，再用清水进行清洁擦拭。

6．各班清洁用具（墩布、抹布）要专用，标记清楚，用后要及时清洗干净，晾晒。墩布每天要用含有效氯 400mg/L 的消毒液浸泡消毒一次，并清洗晾干后存放。

7．垃圾密闭存放，随满随倒，保教人员负责每天下班前清除干净，保证清洁用具干净、干燥存放。

8．班级环境卫生每周检查一次。每月针对共性问题进行分析，提出整改措施，及时进行必要的培训或学习。

9．室内装修后，要经过国家正规检测机构对室内进行各项指标（甲醛、苯等化学物质）的检测，检测结果合格后方可使用。

环境和物品的预防性消毒方法

消毒对象	消毒方法	消毒时间	备注
空气	1．开窗通风，每次 10～15 分钟。 2．夏季至少上下午各通风两次，冬季至少每天通风两次	1．幼儿入园前。 2．户外活动时。 3．午睡起床后	在外界温度适宜、空气质量较好、保证安全性的条件下（雾霾、沙尘天气要减少开窗通风的时间）

消毒对象	消毒方法	消毒时间	备注
幼儿毛巾	1. 用洗衣粉浸泡，搓洗干净，用清水清洗。 2. 用消毒液浸泡 15 分钟，用清水清洗。 3. 清洗后悬挂晾干，次日曝晒 6～8 小时	17:00 （次日 9:00 后曝晒）	1. 消毒时将毛巾全部浸没，消毒后用清水将残留的消毒液冲净。 2. 曝晒时不得相互叠加
幼儿水杯	1. 用洗涤液将水杯内外刷洗干净。 2. 清洁后放入消毒柜	17:00	1. 使用符合国家标准规定的产品。 2. 保洁柜无消毒作用，不得用保洁柜代替消毒柜
餐桌布、消毒毛巾	1. 用洗衣粉浸泡，搓洗干净，用清水清洗。 2. 用消毒液浸泡 10 分钟，用清水清洗。 3. 清洗后悬挂晾干，曝晒 6～8 小时	每餐后	1. 消毒时将针织物全部浸没，消毒后用清水将残留的消毒液冲净。 2. 曝晒时不得相互叠加
餐桌、餐车、备餐桌	1. 用清水擦拭第一遍，翻面顺势横向擦拭，不得重复。 2. 用消毒液擦拭第二遍（方法同上）。 3. 用清水擦拭第三遍（方法同上）	每餐前	第二遍与第三遍间隔 10 分钟
餐具	1. 用洗涤液将盘子内外刷洗干净。 2. 清洁后放入消毒柜	每餐后	1. 餐具消毒首选物理消毒，既简易又没有消毒液残留。 2. 使用的消毒液应处于保质期，并符合消毒产品相关标准，按照规定的温度等条件贮存。 3. 严格按照说明书使用浓度进行消毒液配制，固体消毒液应先充分溶解后再使用。 4. 餐具在消毒前，应先清洗干净，避免油垢残留，影响消毒效果。 5. 在进行化学消毒时，应随时更新消毒液，不可长时间反复使用
水杯格、毛巾架	1. 去污。 2. 用消毒液擦拭，10 分钟后用清水擦拭	每天幼儿入园前	消毒液擦拭与清水擦拭间隔 10 分钟

消毒对象	消毒方法	消毒时间	备注
玩具	1. 去污。 2. 先用消毒液浸泡 10～20 分钟，再用清水冲净，之后放阳光下曝晒	每周五	不能湿式擦拭、清洗的玩具，在阳光下曝晒或用紫外线灯照射一小时
图书	曝晒	每周五	曝晒时间不少于 6 小时，或者用紫外线灯照射一小时
床围栏、门把手、水龙头等物体表面	1. 去污。 2. 用消毒液擦拭，10 分钟后用清水擦拭	每天幼儿入园前	有污渍时随时擦拭
桌子、椅子、玩具柜	1. 去污。 2. 用消毒液擦拭。 3. 用清水擦拭干净	每天幼儿入园前	有污渍时随时擦拭
地垫	1. 每日擦拭、清扫。 2. 用消毒液擦拭，10 分钟后用清水擦拭	每周五	每天游戏后及时清扫，每周五用消毒液擦拭
水池、墩布池	1. 去污。 2. 用消毒液冲洗。 3. 用清水冲净	每天一次	专池专用，随时清理
便池	1. 用洁厕灵刷洗干净。 2. 用消毒液冲洗。 3. 用清水冲净	午晚各一次	1. 随用随清理。 2. 午晚用消毒液各消毒一次
坐便垫	使用之前用酒精湿巾擦拭消毒	每次使用前	随用随消
墩布	1. 用清水冲净。 2. 用消毒液浸泡 5～10 分钟。 3. 用清水冲净，悬挂晾干	每天一次	1. 随用随冲洗干净。 2. 每天至少用消毒液消毒一次
抹布	1. 用洗衣粉搓洗干净。 2. 用消毒液浸泡 20 分钟。 3. 用清水冲净，悬挂晾干	每天一次	1. 消毒时将抹布全部浸泡在消毒液中。 2. 随用随冲洗干净。 3. 抹布专用，有标记
地面	1. 用消毒液擦拭。 2. 用清水擦拭干净	每餐后、幼儿离园后	幼儿离园后用消毒液擦拭消毒

食品安全管理制度

为规范幼儿园食堂工作人员的餐饮工作，保障在园师生的饮食安全，避免食物中毒等突发事件的发生，特制定食品安全管理制度，具体内容如下。

1. 幼儿园必须具备有效期内的"食品经营许可证"。

2．食堂采购员应到持有"食品经营许可证"的经营单位采购食品，保证食品质量。应建立食品、食品添加剂等物品的采购索证索票、进货查验和采购记录制度。

3．食堂存放食品应生熟分开，并在固定地方存放；前处理区与烹调区应隔开，避免食品被污染。

4．加工操作间和就餐场所应根据实际需要设置相应数量的垃圾箱（桶），垃圾箱（桶）应有盖，餐后应及时清运垃圾，并对垃圾箱（桶）进行有效清洁和消毒。

5．餐饮具使用前应洗净、消毒，符合国家有关卫生标准。未经消毒的餐饮具不得使用。

6．消毒后的餐饮具应贮存在餐饮具专用消毒柜内备用，并在餐饮具专用消毒柜上做明显标记。消毒和未消毒的餐饮具应分开存放。餐饮具专用消毒柜应定期清洗，保持干燥洁净。

7．非食堂工作人员不应随意进入食堂的加工操作间及食品原料存放间，防止投毒事件发生。

8．食堂库房内部应避免日光直接照射，保持室内清洁，通风良好，应避免室内有下水道、蒸气管通过。

9．食品贮存应分类、分架、隔墙、离地存放，并定期检查、及时处理变质或超过保质期的食品。

10．食品贮存场所不应存放有毒、有害物品及个人生活物品。

11．保存食品的冷藏设备上应贴有标识，生食品、半成品和熟食品分柜存放。

12．接触原料、半成品、成品的刀、板、桶、盆、筐，以及其他工具、容器应有明显标记，分开使用，定位存放，专人管理，用后应洗净，保持清洁。

13．食堂工作人员应持健康证明上岗，每年进行健康检查，并备有记录。

14．食堂工作人员应经过食品安全知识培训。

15．在岗人员在工作时应穿戴工作衣帽、口罩，并把头发置于帽内，防止头发及其他杂物等掉入食品中。

16．应坚持晨检制度，患有口腔、呼吸道传染病和手部有外伤的人员不应从事直接接触食品的作业。

17．工作中不应吸烟、饮食，如非必要不得交谈。

18．食品在烹饪后至食用前一般应不超过两小时。若超过两小时，应在高于60℃或低于10℃的条件下存放。

19．食堂剩余食品应冷藏，冷藏时间不得超过24小时；在确认没有变质的情况下，经高温彻底加热，方可食用。

20．建立食品留样管理制度，留样样品不少于125g，在2～6℃下保存48小时。

21．餐饮具所使用的洗涤液、消毒液应符合卫生标准或要求。

22．洗涤液、消毒液应有固定的存放场所（橱柜），并有明显的标记。

23．不得制作冷食、生食、裱花蛋糕、四季豆、野黄花菜、野蘑菇、发芽土豆等。

奶粉存储操作规范

操作负责人：班级保教人员			操作时间：收到奶粉的时间	
（一）操作流程 签收→检查→记录保质期→存储				
（二）奶粉存储操作规范				
序号	步骤	操作规范		备注
1	签收	家长须带来保质期内全新、未开封、包装完整的奶粉		1．每次使用后注意密封，防止奶粉受潮。 2．若奶粉结块，判断是受潮还是过期，请家长及时更换。 3．注意观察奶粉量，提前3天提醒家长补充新奶粉
2	检查	1．检查奶粉是不是幼儿惯用品牌，若家长更换奶粉，应与之做好沟通工作，近期注意观察幼儿的健康状况。 2．在奶粉罐盖子或奶粉罐底部标记幼儿全名（用油性笔或贴纸均可），标记不能遮挡保质期、冲泡水温、冲泡比例等文字		
3	记录保质期	奶粉第一次开封后，保教人员要在奶粉罐盖子或奶粉罐底部标记开封日期及对应的保质期（一般是开封后30日内，具体请参考包装说明）		
4	存储	将奶粉罐存储在避光、阴凉处（班级预备统一放置奶粉罐的柜子或箱子）		

食品留样管理制度

1．食品留样是保证食品卫生安全规范的基本要求，能为食品卫生安全事故的追查提供实物证据，使事故及时得到处理和控制。

2．食品留样由专人负责。留样时应绝对保证食品卫生安全，防止采样时污染食品，并做好留样记录。每份样品标注餐次、品名、留样时间（月、日、时）、倒样时间（月、日、时），留/倒样人签字。

3．留样品种包括所有加工后食用的食品及加餐，每个品种留样量不少于125g。

4．留样用工具、容器专用，每次用前消毒（使用含有效氯250mg/L的消毒液浸泡10分钟），不同食品分开盛放并密闭保存。

5．留样样品及时存放在专用冰箱，2～6℃下保存48小时。其他食品不许混放。保持冰箱内清洁卫生，并有"留样"标记。

6．一旦发生食物中毒或疑似食物中毒事故，及时提供留样样品，配合卫生监督机构的调查和处理工作，不得不提供或提供不真实的留样样品，不得影响与干扰事故的调查和处理。

空调安全管理制度

为使各班级正确使用空调，防止疾病传播，控制交叉传染，预防"空调病"，保证幼儿身体健康，确保各项活动正常进行，特制定本制度。

1．每年启用空调前，须先经厂家维修部门对空调进行检修和保养，排查安全隐患。

2．各班在使用空调时，要确保开窗通风，冬季和夏季空调房间至少每半日通风一次，每次10～15分钟。

3．根据季节变化设定空调的开启温度，室温由主班老师负责。夏季室温控制为26～28℃，冬季室温控制为20～22℃。

4．每年10月15日—11月15日、3月15日—4月15日，室温低于18℃时开空调；在供暖期间，室温低于18℃时开空调；夏季室温高于28℃时开空调。

5．夏季，幼儿户外活动结束回班级时，先开睡眠室空调；离园前，提前20分钟关闭空调，让幼儿逐步适应外部环境的温度。

6．在空调使用期间，杜绝将空调出风口对着幼儿直吹。

7．离园前，保教人员应将空调电源关闭，雷雨、雷电天气严禁使用空调。

二、安全照护所需的表格工具

园所安全检查表

类别	检查项	要求	日期					问题汇总
班级安全	班级环境	空调、电脑、热水器、洗衣机等电器设备的插座位置正确，用后断电						
		班级灯管和投影灯无松动、脱落情况						
		班内无尖锐角，无带刺植物和有毒植物						
		桌椅无损坏或钉子、木刺外露情况						
		门窗、柜子、架子的防夹措施没有损坏；床无露钉、脱板、钩挂、夹手现象						
		床摆放间隔合理，确保幼儿上下床方便						
		保教人员使用的危险物品（如剪刀、订书器、热熔枪等），放置在安全位置						
	保教人员行为	保教人员未通过语言、动作、眼神恐吓和威胁幼儿						
		保教人员无与幼儿发生不当身体接触（如拉扯、摔打、推搡等）或做出不当肢体行为（如踢床、踢桌椅、摔打物品、指点幼儿、看手机等）						
		午睡值班人员每15分钟巡视幼儿的睡眠情况，不强迫幼儿睡觉，允许不午睡的幼儿做安静的活动，确保午睡记录表填写信息真实有效						
		保教人员严格执行开餐、清—消—清、卫生清理等工作流程						
		保教人员确保所有幼儿都在视线范围内，幼儿如厕时保教人员必须能够监管，无幼儿独自在班内或独自在园内活动的情况						
		离园时保教人员将幼儿亲自交到家长手中；非家长接送幼儿时，保教人员须及时与家长取得联系，并确认信息						
		服药单填写清晰，有负责人签字，并保留3天						
		保教人员的消毒方法正确，消毒品由专人负责，定位存放						
户外安全	户外物品	物品摆放有序，无尖锐物品；大型户外玩具稳固，无松动、损坏情况						
	户外建筑	楼顶无杂物随风坠下的情况，墙体（楼体）无建筑材料及其他物体脱落的情况						

续表

类别	检查项	要求	日期					问题汇总
户外安全	户外地面	各种地下井口稳固,无松动、丢失情况;场地无凹陷情况						
	围墙	围墙(围栏)无损坏情况,确保宠物不能随意进入园内						
门卫安全	保安人员	佩戴护具,着装上岗,值班期间不得擅自离岗						
	视频监控	监控24小时开启,可正常运转(机器运转正常,画面清晰、完整、齐全,数据备份完整),损坏及时报修						
	园所周边	每日对机构周边环境进行排查(确认无工地正在施工,无断枝或悬挂树枝,临近的电源无分离、脱落、坠落等情况),发现可疑情况及时上报						
	来访	来访者经机构确认方可入内,及时登记并记录完整						
	大门	24小时落锁,做到随开随锁						
消防安全	消防制度、应急预案	消防制度和应急预案健全可行;定期进行消防演练						
	应急灯	安装位置符合要求,可正常使用						
	疏散标识	放置位置符合要求,标识完好、有效						
	灭火器/消火栓	设施配备符合要求,在有效期内,可正常使用						
	消防通道	疏散通道、安全出口、消防车通道畅通						
	电器产品	安装符合消防标准,由专人负责						
	电线、线路	定期检测,随时维护,无老化、破损现象						
	消电检	每年进行一次检测,记录并存档						
食堂安全	采购验收	采购食材无腐烂、变质,严禁"三无"产品						
	烹饪加工	加工食物没有变质,并且有防蝇防蚊措施,加工工具定位存放,食物按要求留样并记录完整						
	食物保存	冰箱内的食物生熟分开存储,食物、用料在保质期内						
	备餐	工作人员在规定时间内按规定进行紫外线消毒及分餐,并进行记录						
	餐具洗消	按程序对餐具进行清洗、消毒,确保保洁到位						
	消毒用品	消毒液和杀虫剂等用品应定位存放、位置合理,并由专人负责						
	燃气用具的使用	燃气用具的安装符合要求,由专人负责						

卫生检查记录表

检查人：　　　　　　　　　　　　　　　　　　　　　　　　　　　　　年　　月　　日

检查项目	检查评分标准	爬行班	宝宝班	幼儿班	备餐消毒间	公共区域	备注
环境卫生 （25分）	①地面不洁，扣3分；②室内台面凌乱，扣3分；③窗不净，扣3分；④装饰灯不净，扣2分；⑤装饰隔断有灰尘，扣3分；⑥开关不净，扣2分；⑦有异味，扣3分；⑧暖气片有灰尘，扣3分；⑨垃圾桶有污渍，扣3分						
内务卫生 （38分）	①洗手池不净，扣5分；②卫生用具不整洁，扣5分；③毛巾、水杯格不净，扣3分；④柜内物品未分类摆放或凌乱、不整齐，扣5分；⑤多媒体屏幕有污渍，扣2分；⑥玩具柜有灰尘，扣5分；⑦玩具筐有灰尘，扣3分；⑧梳子未清洁，扣2分；⑨床围、椅子未清洁，扣5分；⑩镜面有污渍，扣3分						
消毒卫生 （25分）	①门把手、水龙头、柜子及床围等未按时消毒，扣5分；②玩具未按时消毒，扣5分；③桌面有浸渍，扣10分；④教室未按要求用紫外线灯消毒，扣5分						
个人卫生 （12分）	①保教人员的指甲未及时修剪，一个人扣4分；②保教人员的长发未扎，一个人扣4分；③保教人员的园服不洁，一个人扣4分						

卫生间消毒记录表

日期	上午消毒时间	下午消毒时间	执行人签字	日期	上午消毒时间	下午消毒时间	执行人签字

消毒液浓度：含有效氯 500mg/L；消毒位置：门把手、开关盒、冲水开关、便池、地面、垃圾桶等。

紫外线灯消毒记录表

紫外线灯型号：

输出功率：

日期	消毒地点	原因	对象	本次使用时间	累计使用时间

由使用人员负责登记。

不同灯管须编号后分开登记。

填写内容：

　消毒地点：班级、卫生室、活动室和睡眠室等。

　原因：日常常规消毒、发生传染病消毒等。

　对象：物品、室内空气和桌面等

班级安全自查表

班级：   第　周

类别	内容	自查项	周一	周二	周三	周四	周五	备注
幼儿	个人状态	幼儿一日状态						
	随身物品	幼儿未携带微小、危险的物品						
	服药记录	服药单填写清晰、完整，药品外包装应保留3天						
班级玩教具	班级用具、玩具	无棱角、无破损						
	环境装饰物	结实、无散落						
	户外玩具	场地视线范围内玩具安全						
	教学物品	无损坏						
班级环境	场地	无破损、无棱角，不堆放杂物						
	饮水机	及时关闭电源						
	照明灯	亮度合适，用后关闭						
	空调	插座安全，用后断电						
	电脑	插座安全，用后断电						
	窗户	按时通风，人走窗闭						
	卫生间	水阀关闭，无长流水现象，排风扇、照明灯及时关闭						
	消毒用品	专人负责，定位存放						

班级物品消毒记录表

班级：

项目日期	每日消毒项目													每周消毒项目					执行人
	上午开窗通风	下午开窗通风	水杯、毛巾格	地面	饮水机、水龙头	洗手池	桌面	门把手	墩布、扫把	书架	衣帽柜	床围栏	幼儿毛巾	玩具柜	玩具筐、玩具	牙具	地垫	图书晾晒	梳子	椅子	

食品安全隐患排查记录表

排查项目	重点排查内容	排查结果	采取措施	整改后情况	检查人/复查人
管理制度	卫生服务许可凭证是否过期				
	是否在显著位置悬挂或摆放卫生服务许可凭证				
	制度是否健全，相关制度是否上墙				
	各项安全责任是否落实				
	相关记录是否翔实、完整并分类存放				
从业人员管理	从业人员健康管理制度和档案是否完善				
	从业人员是否取得健康证明，健康证明是否在有效期内				
	每日是否进行从业人员岗前健康检查				
	患病调离要求是否严格执行				
	洗手、消毒是否规范				
	个人卫生、仪容仪表和穿戴是否规范				
环境卫生管理	各场所是否通风良好，环境是否干净整洁				
	是否定期清洁通风排烟设施				
	是否有防鼠、防蝇、防蟑、防虫措施				
原料采购与贮存管理	是否有索票、索证制度，相关资料留存是否完整				
	原料进货渠道、运输和验收是否符合规定				
	库房设施和环境是否整洁				
	材料摆放和标识标签是否合格				
	是否有过期或腐败变质的食品				
加工过程管理	原料清洗是否彻底				
	动物性食品、水产品、植物性食品是否分区切配				
	食品烹调温度是否符合要求				
	成品存放的温度和时间是否符合要求				
	用具、容器是否生熟分开并有标识				

排查项目	重点排查内容	排查结果	采取措施	整改后情况	检查人/复查人
加工过程管理	水质是否符合《生活饮用水卫生标准》				
	是否按规定进行食品留样				
	餐厨废弃物、垃圾处置是否及时并记录完整				
食品添加剂使用管理	食品添加剂是否由专人使用				
	食品添加剂是否有标识并合理存放				
设施设备维护	设施设备是否定期维护、清洗、校验				
	设施设备是否运转正常并保持清洁				
餐具清洗、消毒	餐具的清洗、消毒及存放是否符合要求				
	清洁剂和消毒液是否在有效期内				
分餐间管理	分餐间内的物品和设施是否符合要求				
	消毒是否符合要求				
食品安全自查和应急管理	是否按要求定期组织日常自查并留存记录				
	是否有食品安全事故处置预案				

食品留样记录表

_____年

日期	餐次	留样食品名称	留样量（克/份）	留样时间	留样人	销毁时间	销毁人	审核人
	早							
	中							
	晚							
	早							
	中							
	晚							

备注：每餐留样 125g，48 小时，留样时间及销毁时间均精确到分。冰箱的温度设置为 2～6℃，冰箱上锁，由专人负责

幼儿委托用药单

兹委托贵园按下列指示代为小儿/小女用药：

班级：

幼儿姓名		年龄		疾病名称		联系电话	
				用法打"√"		请选择服药时间，打"√"		
药物名称		剂量/次		口服	外用	早上不喂药，避免服药间隔不满4~6小时，影响幼儿身体	中午12:00—12:30（饭后）	备注（特殊时间）
上列药物：□需冷藏 □不需冷藏				戒吃食物：				
以上药物由家长提供，按家长要求的用法与用量进行喂药，如有任何药物反应，与贵园无关。								
家长签名： 喂药人签名： 日期： 年 月 日								

注：1. 禁止将无名的药片、药粉及中草药、保健品带到幼儿园代服；2. G6PD缺乏症（蚕豆病）、癫痫等疾病需慎重服药；3. 请家长按要求认真填写各项内容。

幼儿健康检查记录表

班级： 幼儿姓名： 第 月 第 周 编号：

日期	入托情绪	晨午检情况	体温			舌苔			进餐	饮水量	如厕（大小便情况）								睡眠	室内外游戏参与情况	备注	签字
			早	中	晚	正常	黄白舌苔	舌头光滑如镜面			小便			大便								
											淡黄	深黄	混浊	正常	黏稠	水便分离	绿色稀便	粪球				

注：每日对幼儿在园的生活情况进行记录。1."入托情绪"一列具体描述入托时的情绪，如没问题填"正常"；2."体温"一列写具体温度；3. 需要家长配合的写在备注栏里；4. 舌苔情况、大小便情况在相应的情况下打"√"。

幼儿出勤记录表

班级：　　　　　　　　　　　　　　　　　年　月

姓名	日期																															备注
---	1	2	3	4	5	6	7	8	9	10	11	12	13	14	15	16	17	18	19	20	21	22	23	24	25	26	27	28	29	30	31

√代表出勤　　×代表病假　　○代表事假　　缺勤幼儿不知道原因的先画"？"，当天查明原因后再补

参考文献

[1] 国家卫生健康委人口家庭司．婴幼儿照护服务文件汇编[M]．北京：中国人口出版社，2021．

[2] 宋丽博．学前教育政策法规[M]．北京：航空工业出版社，2021．

[3] 《0～3岁婴幼儿托育机构实用指南》编写组．0～3岁婴幼儿托育机构实用指南[M]．南京：江苏凤凰教育出版社，2019．

[4] 张静，张艳娟．托幼园所保教工作入门[M]．上海：华东师范大学出版社，2020．

[5] 张海丽．幼儿教师职业道德[M]．北京：清华大学出版社，2016．

[6] 左志宏．幼儿园教师职业道德[M]．北京：北京师范大学出版社，2020．

[7] 童宪明．幼儿教育法规与政策[M]．上海：复旦大学出版社，2021．

[8] 北京市教育委员会．北京市贯彻《幼儿园教育指导纲要（试行）》实施细则[M]．北京：同心出版社，2006．

[9] 李季湄，冯晓霞．《3～6岁儿童学习与发展指南》解读[M]．北京：人民教育出版社，2013．

[10] 陈帼眉．学前心理学[M]．北京：北京师范大学出版社，2006．

[11] 李季湄．幼儿教育学基础[M]．北京：北京师范大学出版社，2008．

[12] 教育部人事司，教育部工人考核委员会．保育员应知应会[M]．北京：北京师范大学出版社，2022．

[13] 陈智．心理咨询实用咨询技巧与心理个案分析[M]．成都：四川大学出版社，2004．

[14] 夏艺珊．幼儿园一日生活组织与指导[M]．北京：中国轻工业出版社，2017．

[15] 杨明．学前儿童急症救助与突发事件应对[M]．上海：华东师范大学出版社，2020．

[16] 伍香平，彭丽华．幼儿园保育员工作指南[M]．北京：中国轻工业出版社，2014．

[17] 张建岁，李娟．幼儿园安全工作指南[M]．长春：东北师范大学出版社，2014．

[18] 韩利坤．儿童烧伤 1036 例特点分析[J].中国病案，2014（3）．

[19] 陈馨．一日生活皆课程——浅谈幼儿午睡管理要点[J]．教育界，2021（2）．

[20] 李静．学前卫生学[M]．北京：北京师范大学出版社，2015．

[21] 王练．学前卫生学[M]．北京：高等教育出版社，2014．

[22] 冯敏玲．幼儿卫生保健[M]．北京：中国人民大学出版社，2014．

[23] 史慧静．学前儿童卫生与保育[M]．上海：复旦大学出版社，2014．

[24] 黎海芪．儿童营养状况评估研究进展[J]．中国当代儿科杂志，2014（1）．

[25] 王萍．学前儿童卫生学[M]．长春：东北师范大学出版社，2012．

[26] 雷思明．幼儿园安全策略 50 条[M]．上海：华东师范大学出版社，2013．

[27] 中国营养学会妇幼分会．中国孕期、哺乳期妇女和 0～6 岁儿童膳食指南[M]．北京：
    人民卫生出版社，2010．

[28] 万钫．学前卫生学[M]．北京：北京师范大学出版社，2004．

[29] 孙长颢．营养与食品卫生学[M]．北京：人民卫生出版社，2013．

[30] 魏勇刚．学前儿童发展心理学[M]．北京：教育科学出版社，2012．

[31] 唐林兰，于桂萍．学前儿童卫生与保健[M]．北京：教育科学出版社，2012．

[32] 麦少美，高秀欣．学前卫生学[M]．上海：复旦大学出版社，2012．

[33] 米凯拉·格洛克勒，沃尔夫冈·戈贝尔．儿童健康指南[M]．林玉珠，等译．石家庄：
    河北教育出版社，2012．

[34] 杨一鸣．从儿童发展到人类发展[M]．北京：中国发展出版社，2011．

[35] 刘新学，唐雪梅．学前心理学[M]．北京：北京师范大学出版社，2011．

[36] 王来圣．学前卫生学[M]．北京：北京师范大学出版社，2011．

[37] 陈一心．好妈妈也是好医生——孩子情绪异常的诊断与预防[M]．南京：东南大学出版
    社，2010．

[38] 张文京．特殊儿童早期干预理论与实践[M]．重庆：重庆出版社，2010．

[39] 刘昊．托育机构质量管理与自我评估指导手册[M]．北京：教育科学出版社，2022．

[40] 刘勇. 0~3 岁婴幼儿营养与喂养[M]. 镇江：江苏大学出版社，2021.

[41] 任丽，黄鑫，刘婵. 婴幼儿基础照护[M]. 重庆：西南大学出版社，2022.

[42] 闵捷. 婴幼儿安全照护[M]. 北京：高等教育出版社，2021.

[43] 潘建明. 幼儿照护职业技能教材（初级）[M]. 长沙：湖南科学技术出版社，2020.

[44] 史月杰，张莉. 婴幼儿游戏活动实施[M]. 北京：中国人口出版社，2022.